SYMPOSIUM

SYMPOSIUM OF PLATO

ΠΛΑΤΩΝΟΣ ΣΥΜΠΟΣΙΟΝ

TRANSLATED BY TOM GRIFFITH
ENGRAVED BY PETER FORSTER

UNIVERSITY OF CALIFORNIA PRESS
BERKELEY   LOS ANGELES

This translation is dedicated to my father
Guy Thompson Griffith
who died on 11 September 1985

I greatly admired the conception and execution of this book as a limited edition issued by Libanus Press; its lovely and interesting engravings, elegant type for both the Greek and the English, handsome binding, and fine paper made it a volume that was as attractive to handle as it was to read. The *Symposium* of Plato, in a bilingual format, was imaginatively and sensitively designed for the bookshelves of discerning bibliophiles.

Outside of a limited edition environment, however, this work will be judged solely on the basis of the new translation provided by Tom Griffith, and this translation is a very impressive contribution in its own right. By far the liveliest, most readable translation ever published of the *Symposium* — perhaps the liveliest, most readable translation of a Platonic dialogue ever printed, it sets a new standard for translations of Plato. I would certainly want my students to have this version, both those reading Plato in English for the first time, who need to be shown how lively a reading experience Plato can be, and those reading the *Symposium* in Greek, who can learn much about the art of felicitous translation from the way Griffith has captured force and meaning with English turns of phrase. Griffith is an artist with a genuine feeling for the Greek language and with a real flair for the expressive possibilities of English. His artistry deserves to be studied quite apart from that of Plato.

The translation takes a number of risks and not everyone is going to think that all of them succeed. Some may have problems with the fact that the English is not dense even when the Greek is. Lucidity shines through the English in passages where the Greek is tortuous, highly abstract, or ambiguous. Because of Griffith's excellent command of English prose style, all the speakers in the dialogue sound

crisp and articulate. Having experienced Griffith's ability to find fresh and idiomatic English for all the speakers, I am perfectly happy with the sacrifice he has made: stylistic and character differentiation somewhat diminished in favour of greater readability for all speakers. In addition, he sometimes recasts sequences of sentences and sometimes whole paragraphs of thought, so that the English has a rather different relationship to the Greek original than is usual. I found this aspect of his art to be particularly fascinating and successful, and I was impressed with the way his strategy enabled him to achieve an engaging fluency in the complicated narrative and rhetorical structure of the *Symposium*. Among Griffith's many other triumphs, I also admired the simple, clear, and appropriately obtrusive way he rendered the double indirect discourse of the *Symposium*, which makes the dialogue particularly challenging to translators.

Griffith has a feeling for the expressive powers of English colloquial speech and he demonstrates throughout the translation a remarkable ear for the way people talk to one another, managing to straddle or transcend English-speaking cultures in his choice of diction. All in all, this is a distinguished piece of translation; I am pleased to see it become more generally available.

John Patrick Lynch   Santa Cruz   May 1989

INTRODUCTION

There is no shortage of translations of the Symposium, so why produce yet another? Partly, I suppose, for reasons of completeness. We were using new illustrations, and a seldom used typeface, so there was something to be said for a new translation as well. Secondly, because I was abandoning the teaching of classics, and thought I would like to put my knowledge of Greek to some use, before it went the way of my knowledge of algebra and the reign of Louis XIV. Principally, however, because I wanted to try to restore a balance, in translation, between readability and strict, literal accuracy.

The trouble with translations of ancient Greek Texts is that they are done by scholars who have in mind, as they translate, a hypothetical or actual reviewer notorious for his prodigious erudition and deadly pedantry. No-one wants a bad review, and the most glaring fault in a translation is to misconstrue, or appear to misconstrue, the Greek. So the translator is concerned, not only to construe correctly, but to show that he has construed correctly. Often this can be done only by writing what is unmistakeably a translation. I have tried throughout to be as accurate as I can, but I have tried even harder not to sound like a translator; and where I thought there was an irresoluble conflict between accuracy and readability, I have tried to let readability prevail.

I am grateful to many people for their help: to Sir Kenneth Dover and the Cambridge University Press for permission to use his text of the Symposium; to the many friends who read various drafts and commented, always helpfully, on them. My greatest debt, however, is to my brothers – to Mark for wading through the morass of early blunders and infelicities in the translation, and to Hugh for patiently and meticulously proofreading the Greek text, in weekly 4-page instalments. For the errors and inaccuracies which remain I hold them entirely responsible.

Tom Griffith

ΣΥΜΠΟΣΙΟΝ

τὰ τοῦ διαλόγου πρόσωπα

ΑΓΑΘΩΝ

ΣΩΚΡΑΤΗΣ

ΦΑΙΔΡΟΣ ὁ Μυρρινούσιος

ΠΑΥΣΑΝΙΑΣ

ΑΡΙΣΤΟΦΑΝΗΣ

ΕΡΥΞΙΜΑΧΟΣ ὁ Ἀκουμένου

ΑΛΚΙΒΙΑΔΗΣ

SYMPOSIUM

The Speakers in the Dialogue

AGATHON a writer of tragedies

SOCRATES a truth-loving eccentric

PHAEDRUS an idealist

PAUSANIAS a realist — Agathon's lover

ARISTOPHANES a writer of comedies

ERYXIMACHUS a doctor

ALCIBIADES politician and playboy

'Απολλόδωρος   'Εταῖρος

172   'Απολλόδωρος — Δοκῶ μοι περὶ ὧν πυνθάνεσθε οὐκ ἀμελέτητος
εἶναι. καὶ γὰρ ἐτύγχανον πρώην εἰς ἄστυ οἴκοθεν ἀνιὼν Φαληρόθεν·
τῶν οὖν γνωρίμων τις ὄπισθεν κατιδών με πόρρωθεν ἐκάλεσε, καὶ
παίζων ἅμα τῇ κλήσει, Ὦ Φαληρεύς, ἔφη, οὗτος 'Απολλόδωρος,
οὐ περιμενεῖς; κἀγὼ ἐπιστὰς περιέμεινα. καὶ ὅς, 'Απολλόδωρε, ἔφη,
καὶ μὴν καὶ ἔναγχός σε ἐζήτουν βουλόμενος διαπυθέσθαι τὴν 'Αγ-
b   άθωνος συνουσίαν καὶ Σωκράτους καὶ 'Αλκιβιάδου καὶ τῶν ἄλλων
τῶν τότε ἐν τῷ συνδείπνῳ παραγενομένων, περὶ τῶν ἐρωτικῶν λόγ-
ων τίνες ἦσαν· ἄλλος γάρ τις μοι διηγεῖτο ἀκηκοὼς Φοίνικος τοῦ
Φιλίππου, ἔφη δὲ καὶ σὲ εἰδέναι. ἀλλὰ γὰρ οὐδὲν εἶχε σαφὲς λέγειν.
σὺ οὖν μοι διήγησαι· δικαιότατος γὰρ εἶ τοὺς τοῦ ἑταίρου λόγους
ἀπαγγέλλειν. πρότερον δέ μοι, ᾖ δ' ὅς, εἰπέ, σὺ αὐτὸς παρεγένου
τῇ συνουσίᾳ ταύτῃ ἢ οὔ; κἀγὼ εἶπον ὅτι Παντάπασιν ἔοικέ σοι οὐ-
c   δὲν διηγεῖσθαι σαφὲς ὁ διηγούμενος, εἰ νεωστὶ ἡγῇ τὴν συνουσίαν
γεγονέναι ταύτην ἣν ἐρωτᾷς, ὥστε καὶ ἐμὲ παραγενέσθαι. Ἐγώ γε
δή, ἔφη. Πόθεν, ἦν δ' ἐγώ, ὦ Γλαύκων; οὐκ οἶσθ' ὅτι πολλῶν ἐτῶν
'Αγάθων ἐνθάδε οὐκ ἐπιδεδήμηκεν, ἀφ' οὗ δ' ἐγὼ Σωκράτει συνδια-
τρίβω καὶ ἐπιμελὲς πεποίημαι ἑκάστης ἡμέρας εἰδέναι ὅτι ἂν λέγῃ
173   ἢ πράττῃ, οὐδέπω τρία ἔτη ἐστίν; πρὸ τοῦ δὲ περιτρέχων ὅπη
τύχοιμι καὶ οἰόμενός τι ποιεῖν ἀθλιώτερος ἢ ὁτουοῦν, οὐχ ἧττον ἢ

Prologue – Apollodorus and a friend

Apollodorus: You couldn't have asked anyone better. I live in Phalerum, and the day before yesterday I was going up to town when a man I know caught sight of me disappearing in the distance. He gave me a shout, calling me (a little facetiously) 'You there! Citizen of Phalerum! Hey, Apollodorus! Wait a moment.'

So I stopped and waited.

'Apollodorus,' he said, 'I've been looking for you for ages. I wanted to ask you about the time when Agathon and Socrates and Alcibiades and the others all met for dinner. I want to know what was said about love. I was told about it by a man who had talked to Phoenix, son of Philippus; he said you knew about it as well. He wasn't much help–couldn't remember anything very definite. Can you give me your version? After all, who better than you to talk about Socrates' conversations? For instance, were you at the dinner-party yourself, or not?'

'You must have been given a pretty garbled account, if you think the party you're asking about took place recently enough for me to have been at it.'

'Oh! I thought you were.'

'Really, Glaucon, how could I have been? It's ages since Agathon last lived in Athens, and less than three years since I became friends

σὺ νυνί, οἰόμενος δεῖν πάντα μᾶλλον πράττειν ἢ φιλοσοφεῖν. καὶ ὅς, Μὴ σκῶπτ', ἔφη, ἀλλ' εἰπέ μοι πότε ἐγένετο ἡ συνουσία αὕτη. κἀγὼ εἶπον ὅτι Παίδων ὄντων ἡμῶν ἔτι, ὅτε τῇ πρώτῃ τραγῳδίᾳ ἐνίκησεν Ἀγάθων, τῇ ὑστεραίᾳ ἢ ᾗ τὰ ἐπινίκια ἔθυεν αὐτός τε καὶ οἱ χορευταί. Πάνυ, ἔφη, ἄρα πάλαι, ὡς ἔοικεν. ἀλλὰ τίς σοι διηγ-

b εῖτο; ἢ αὐτὸς Σωκράτης; Οὐ μὰ τὸν Δία, ἦν δ' ἐγώ, ἀλλ' ὥσπερ Φοίνικι. Ἀριστόδημος ἦν τις, Κυδαθηναιεύς, σμικρός, ἀνυπόδητος ἀεί· παρεγεγόνει δ' ἐν τῇ συνουσίᾳ, Σωκράτους ἐραστὴς ὢν ἐν τοῖς μάλιστα τῶν τότε, ὡς ἐμοὶ δοκεῖ. οὐ μέντοι ἀλλὰ καὶ Σωκράτη γε ἔνια ἤδη ἀνηρόμην ὧν ἐκείνου ἤκουσα, καί μοι ὡμολόγει καθάπερ ἐκεῖνος διηγεῖτο. Τί οὖν, ἔφη, οὐ διηγήσω μοι; πάντως δὲ ἡ ὁδὸς ἡ εἰς ἄστυ ἐπιτηδεία πορευομένοις καὶ λέγειν καὶ ἀκούειν.

οὕτω δὴ ἰόντες ἅμα τοὺς λόγους περὶ αὐτῶν ἐποιούμεθα. ὥστε,

c ὅπερ ἀρχόμενος εἶπον, οὐκ ἀμελετήτως ἔχω. εἰ οὖν δεῖ καὶ ὑμῖν δι-ηγήσασθαι, ταῦτα χρὴ ποιεῖν. καὶ γὰρ ἔγωγε καὶ ἄλλως, ὅταν μέν τινας περὶ φιλοσοφίας λόγους ἢ αὐτὸς ποιῶμαι ἢ ἄλλων ἀκούω, χωρὶς τοῦ οἴεσθαι ὠφελεῖσθαι ὑπερφυῶς ὡς χαίρω· ὅταν δὲ ἄλλ-ους τινάς, ἄλλως τε καὶ τοὺς ὑμετέρους τοὺς τῶν πλουσίων καὶ χρηματιστικῶν, αὐτός τε ἄχθομαι ὑμᾶς τε τοὺς ἑταίρους ἐλεῶ, ὅτι

d οἴεσθέ τι ποιεῖν οὐδὲν ποιοῦντες. καὶ ἴσως αὖ ὑμεῖς ἐμὲ ἡγεῖσθε κακοδαίμονα εἶναι, καὶ οἴομαι ὑμᾶς ἀληθῆ οἴεσθαι· ἐγὼ μέντοι ὑμᾶς οὐκ οἴομαι ἀλλ' εὖ οἶδα.

Ἑταῖρος — Ἀεὶ ὅμοιος εἶ, ὦ Ἀπολλόδωρε· ἀεὶ γὰρ σαυτόν τε κακ-ηγορεῖς καὶ τοὺς ἄλλους, καὶ δοκεῖς μοι ἀτεχνῶς πάντας ἀθλίους ἡγεῖσθαι πλὴν Σωκράτους, ἀπὸ σαυτοῦ ἀρξάμενος. καὶ ὁπόθεν ποτὲ ταύτην τὴν ἐπωνυμίαν ἔλαβες, τὸ μαλακὸς καλεῖσθαι, οὐκ οἶδα ἔγωγε· ἐν μὲν γὰρ τοῖς λόγοις ἀεὶ τοιοῦτος εἶ· σαυτῷ τε καὶ τοῖς ἄλλοις ἀγριαίνεις πλὴν Σωκράτους.

e Ἀπολλόδωρος — Ὦ φίλτατε, καὶ δῆλόν γε δὴ ὅτι οὕτω διανοού-μενος καὶ περὶ ἐμαυτοῦ καὶ περὶ ὑμῶν μαίνομαι καὶ παραπαίω.

with Socrates, and got into the habit of keeping up with what he says and does every day. Before that my life was just a random whirl of activity. I thought I was extremely busy, but in fact I was the most pathetic creature imaginable, just as you are now, doing anything to avoid philosophical thought.'

'Very funny. When *did* the party happen, then?'

'It was when we were still children, when Agathon won the prize with his first tragedy, the day after he and the members of the chorus made the usual winners' thanksgivings.'

'Oh, I see. It *was* a long time ago, then. Who told you about it? Was it Socrates himself?'

'God, no. I got it from the man who told Phoenix, a man called b Aristodemus, from Cydathenaeum. Small man, never wears shoes. He'd been at the party; in fact, I think he must have been one of Socrates' keenest admirers in those days. But I've also asked Socrates about some of the things he told me, and his version agreed with Aristodemus'.'

'You must tell me all about it, and walking into town is an ideal opportunity. You can talk, and I will listen.'

So we discussed the party as we went along, and that's why, as I c said originally, I'm a good person to ask about it. And if I've got to tell it to you as well, I'd better get on with it. In any case, I get tremendous pleasure out of talking about philosophy myself, or listening to other people talk about it, quite apart from thinking it's good for me. Other conversation, especially your kind, about money or business, bores me stiff. You're my friends, but I feel sorry for you, because you think you're getting somewhere, when you're not. You in turn d probably think me misguided, and you may well be right. However, I don't *think* you are misguided; I know for certain you are.

Friend: Still the old Apollodorus we know and love. Never a good

Ἑταῖρος — Οὐκ ἄξιον περὶ τούτων, Ἀπολλόδωρε, νῦν ἐρίζειν· ἀλλ' ὅπερ ἐδεόμεθά σου, μὴ ἄλλως ποιήσῃς, ἀλλὰ διήγησαι τίνες ἦσαν οἱ λόγοι.

Ἀπολλόδωρος — Ἦσαν τοίνυν ἐκεῖνοι τοιοίδε τινές — μᾶλλον δ' ἐξ

174 ἀρχῆς ὑμῖν, ὡς ἐκεῖνος διηγεῖτο, καὶ ἐγὼ πειράσομαι διηγήσασθαι.

ἔφη γὰρ οἱ Σωκράτη ἐντυχεῖν λελουμένον τε καὶ τὰς βλαύτας ὑποδεδεμένον, ἃ ἐκεῖνος ὀλιγάκις ἐποίει· καὶ ἐρέσθαι αὐτὸν ὅποι ἴοι οὕτω καλὸς γεγενημένος.

καὶ τὸν εἰπεῖν ὅτι Ἐπὶ δεῖπνον εἰς Ἀγάθωνος. χθὲς γὰρ αὐτὸν διέφυγον τοῖς ἐπινικίοις, φοβηθεὶς τὸν ὄχλον· ὡμολόγησα δ' εἰς τήμερον παρέσεσθαι. ταῦτα δὴ ἐκαλλωπισάμην, ἵνα καλὸς παρὰ

b καλὸν ἴω. ἀλλὰ σύ, ἦ δ' ὅς, πῶς ἔχεις πρὸς τὸ ἐθέλειν ἂν ἰέναι ἄ-κλητος ἐπὶ δεῖπνον;

κἀγώ, ἔφη, εἶπον ὅτι Οὕτως ὅπως ἂν σὺ κελεύῃς.

Ἕπου τοίνυν, ἔφη, ἵνα καὶ τὴν παροιμίαν διαφθείρωμεν μεταβαλ-όντες, ὡς ἄρα καὶ ἀγαθῶν ἐπὶ δαῖτας ἴασιν αὐτόματοι ἀγα-θοί. Ὅμηρος μὲν γὰρ κινδυνεύει οὐ μόνον διαφθεῖραι ἀλλὰ καὶ ὑβρίσαι εἰς ταύτην τὴν παροιμίαν· ποιήσας γὰρ τὸν Ἀγαμέμνονα

c διαφερόντως ἀγαθὸν ἄνδρα τὰ πολεμικά, τὸν δὲ Μενέλεων μαλ-θακὸν αἰχμητήν, θυσίαν ποιουμένου καὶ ἑστιῶντος τοῦ Ἀγαμέμ-

word for yourself or anyone else. As far as I can see, you regard absolutely everyone, starting with yourself, as a lost cause—except for Socrates, that is. I don't know where you picked up the nickname 'softy'; it certainly doesn't fit your conversation—always full of fury against yourself, and everyone else apart from Socrates.

Apollodorus: And if that's my opinion of myself and the rest of you, e
then obviously I'm crazy, or mistaken, I suppose.

Friend: Let's not argue about that now, Apollodorus. Just do as I ask, and tell me what was said at Agathon's party.

Apollodorus: The conversation went something like this . . . or better, let me try to tell it to you right from the beginning, as Aristodemus 174
told it to me.

Aristodemus' Account

I met Socrates, all washed and brushed, and wearing shoes (a thing he hardly ever did). I asked him where he was going looking so elegant.

'I'm going to dinner with Agathon. I avoided the first celebration last night; I couldn't face the crowd. But I said I'd come this evening. I'm looking elegant, because Agathon always looks elegant. What about you? How do you feel about coming to dinner uninvited?' b

'I'll do anything you tell me'.

'Come on then. Let's ignore the proverb, 'good men come uninvited to lesser men's feasts', or rather let's change it, to 'good men come uninvited to Agathon's feast'. After all, Homer does worse than ignore it; he completely contradicts it. His Agamemnon is an outstanding warrior, while his Menelaus is a man of straw. But when c
Agamemnon is sacrificing and feasting Homer lets Menelaus come to the feast without an invitation, though that's a case of a lesser man coming to dinner with a better.'

νονος ἄκλητον ἐποίησεν ἐλθόντα τὸν Μενέλεων ἐπὶ τὴν θοίνην, χείρω ὄντα ἐπὶ τὴν τοῦ ἀμείνονος.

ταῦτ' ἀκούσας εἰπεῖν ἔφη Ἴσως μέντοι κινδυνεύσω καὶ ἐγὼ οὐχ ὡς σὺ λέγεις, ὦ Σώκρατες, ἀλλὰ καθ' Ὅμηρον φαῦλος ὢν ἐπὶ σοφοῦ ἀνδρὸς ἰέναι θοίνην ἄκλητος. ὅρα οὖν ἄγων με τί ἀπολογήσῃ, ὡς

d ἐγὼ μὲν οὐχ ὁμολογήσω ἄκλητος ἥκειν, ἀλλ' ὑπὸ σοῦ κεκλημένος. Σύν τε δύ', ἔφη, ἐρχομένω πρὸ ὁδοῦ βουλευσόμεθα ὅτι ἐροῦμεν. ἀλλ' ἴωμεν.

τοιαῦτ' ἄττα σφᾶς ἔφη διαλεχθέντας ἰέναι. τὸν οὖν Σωκράτη ἑαυτῷ πως προσέχοντα τὸν νοῦν κατὰ τὴν ὁδὸν πορεύεσθαι ὑπολειπόμενον, καὶ περιμένοντος οὗ κελεύειν προιέναι εἰς τὸ πρόσθεν.

e ἐπειδὴ δὲ γενέσθαι ἐπὶ τῇ οἰκίᾳ τῇ Ἀγάθωνος, ἀνεῳγμένην καταλαμβάνειν τὴν θύραν, καί τι ἔφη αὐτόθι γελοῖον παθεῖν. οἱ μὲν γὰρ εὐθὺς παῖδά τινα τῶν ἔνδοθεν ἀπαντήσαντα ἄγειν οὗ κατέκειντο οἱ ἄλλοι, καὶ καταλαμβάνειν ἤδη μέλλοντας δειπνεῖν· εὐθὺς δ' οὖν ὡς ἰδεῖν τὸν Ἀγάθωνα, Ὦ, φάναι, Ἀριστόδημε, εἰς καλὸν ἥκεις ὅπως συνδειπνήσῃς· εἰ δ' ἄλλου τινὸς ἕνεκα ἦλθες, εἰς αὖθις ἀναβαλοῦ, ὡς καὶ χθὲς ζητῶν σε ἵνα καλέσαιμι οὐχ οἷός τ' ἦ ἰδεῖν. ἀλλὰ Σωκράτη ἡμῖν πῶς οὐκ ἄγεις;

καὶ ἐγώ, ἔφη, μεταστρεφόμενος οὐδαμοῦ ὁρῶ Σωκράτη ἑπόμενον· εἶπον οὖν ὅτι καὶ αὐτὸς μετὰ Σωκράτους ἥκοιμι, κληθεὶς ὑπ' ἐκείνου δεῦρ' ἐπὶ δεῖπνον.

Καλῶς γ', ἔφη, ποιῶν σύ· ἀλλὰ ποῦ ἔστιν οὗτος;

175 Ὄπισθεν ἐμοῦ ἄρτι εἰσῄει· ἀλλὰ θαυμάζω καὶ αὐτὸς ποῦ ἂν εἴη.

Οὐ σκέψῃ, ἔφη, παῖ, φάναι τὸν Ἀγάθωνα, καὶ εἰσάξεις Σωκράτη; σὺ δ', ἦ δ' ὅς, Ἀριστόδημε, παρ' Ἐρυξίμαχον κατακλίνου. καὶ ἓ μὲν ἔφη ἀπονίζειν τὸν παῖδα ἵνα κατακέοιτο· ἄλλον δέ τινα τῶν παίδων ἥκειν ἀγγέλλοντα ὅτι Σωκράτης οὗτος ἀναχωρήσας ἐν τῷ τῶν γειτόνων προθύρῳ ἕστηκεν, κἀμοῦ καλοῦντος οὐκ ἐθέλει εἰσιέναι.

'I'm afraid, in my case, that Homer is likely to be nearer the mark than you, Socrates. It'll be a question of a nonentity coming to dinner uninvited with a wise man. You'd better decide what you'll say if you do take me. I'm not coming uninvited—only as your guest.'   d

'Two heads are better than one. We'll think of something to say. Come on.'

So off we went. But Socrates, absorbed in his own thoughts, got left behind on the way. I was going to wait for him, but he told me to go on ahead. So I turned up at Agathon's house by myself, and found the door open. In fact, it was slightly embarrassing, because one of   e the house-slaves met me, and took me straight in, where I found the others had just sat down to dinner. Agathon saw me come in, and at once said, 'Aristodemus, you're just in time to have dinner with us. I hope that's what you've come for. If not, it'll have to wait for another time. I tried to get hold of you yesterday, to ask you, but could not find you. How come you haven't brought Socrates with you?'

I turned round and looked behind me, and couldn't see Socrates anywhere. So I explained that I had come with Socrates. In fact, but for his invitation, I wouldn't have come at all.

'I'm glad you did. But where is he?'

'He was right behind me just now. I've no more idea than you   175 where he could have got to.'

Agathon turned to a slave. 'Could you go and look for Socrates, please, and ask him in? Aristodemus, why don't you sit over there by Eryximachus?'

While one slave was giving me a wash, so I could sit down to dinner, another slave came in: 'That Socrates you asked me to look for has gone wandering up to the front door of the wrong house. He's just standing there. I asked him to come in, but he won't.'

'How odd. Still, don't give up. Keep on asking him.'

Ἄτοπόν γ', ἔφη, λέγεις· οὔκουν καλεῖς αὐτὸν καὶ μὴ ἀφήσεις;

b καὶ ὃς ἔφη εἰπεῖν Μηδαμῶς, ἀλλ' ἔᾱτε αὐτόν. ἔθος γάρ τι τοῦτ'
ἔχει· ἐνίοτε ἀποστὰς ὅποι ἂν τύχῃ ἕστηκεν. ἥξει δ' αὐτίκα, ὡς ἐγὼ
οἶμαι. μὴ οὖν κινεῖτε, ἀλλ' ἐᾶτε.

Ἀλλ' οὕτω χρὴ ποιεῖν, εἰ σοὶ δοκεῖ, ἔφη φάναι τὸν Ἀγάθωνα. ἀλλ'
ἡμᾶς, ὦ παῖδες, τοὺς ἄλλους ἑστιᾶτε. πάντως παρατίθετε ὅτι ἂν
βούλησθε, ἐπειδάν τις ὑμῖν μὴ ἐφεστήκῃ, ὃ ἐγὼ οὐδεπώποτε ἐποί-
ησα· νῦν οὖν, νομίζοντες καὶ ἐμὲ ὑφ' ὑμῶν κεκλῆσθαι ἐπὶ δεῖπνον
c καὶ τούσδε τοὺς ἄλλους, θεραπεύετε, ἵν' ὑμᾶς ἐπαινῶμεν.

μετὰ ταῦτα ἔφη σφᾶς μὲν δειπνεῖν, τὸν δὲ Σωκράτη οὐκ εἰσιέναι.
τὸν οὖν Ἀγάθωνα πολλάκις κελεύειν μεταπέμψασθαι τὸν Σω-
κράτη, ἓ δὲ οὐκ ἐᾶν. ἥκειν οὖν αὐτὸν οὐ πολὺν χρόνον ὡς εἰώθει
διατρίψαντα, ἀλλὰ μάλιστα σφᾶς μεσοῦν δειπνοῦντας. τὸν οὖν
Ἀγάθωνα (τυγχάνειν γὰρ ἔσχατον κατακείμενον μόνον) Δεῦρ',
ἔφη φάναι, Σώκρατες, παρ' ἐμὲ κατάκεισο, ἵνα καὶ τοῦ σοφοῦ ἁπτ-
d όμενός σου ἀπολαύσω ὃ σοι προσέστη ἐν τοῖς προθύροις. δῆλον
γὰρ ὅτι ηὗρες αὐτὸ καὶ ἔχεις· οὐ γὰρ ἂν προαπέστης.

καὶ τὸν Σωκράτη καθίζεσθαι καὶ εἰπεῖν ὅτι Εὖ ἂν ἔχοι, φάναι, ὦ
Ἀγάθων, εἰ τοιοῦτον εἴη ἡ σοφία ὥστ' ἐκ τοῦ πληρεστέρου εἰς τὸ
κενώτερον ῥεῖν ἡμῶν, ἐὰν ἁπτώμεθα ἀλλήλων, ὥσπερ τὸ ἐν ταῖς
κύλιξιν ὕδωρ τὸ διὰ τοῦ ἐρίου ῥέον ἐκ τῆς πληρεστέρας εἰς τὴν
e κενωτέραν. εἰ γὰρ οὕτως ἔχει καὶ ἡ σοφία, πολλοῦ τιμῶμαι τὴν
παρὰ σοὶ κατάκλισιν· οἶμαι γάρ με παρὰ σοῦ πολλῆς καὶ καλῆς
σοφίας πληρωθήσεσθαι. ἡ μὲν γὰρ ἐμὴ φαύλη τις ἂν εἴη, ἢ καὶ ἀμφι-
σβητήσιμος ὥσπερ ὄναρ οὖσα, ἡ δὲ σὴ λαμπρά τε καὶ πολλὴν ἐπί-
δοσιν ἔχουσα, ἥ γε παρὰ σοῦ νέου ὄντος οὕτω σφόδρα ἐξέλαμψεν
καὶ ἐκφανὴς ἐγένετο πρώην ἐν μάρτυσι τῶν Ἑλλήνων πλέον ἢ τρισ-
μυρίοις.

Ὑβριστὴς εἶ, ἔφη, ὦ Σώκρατες, ὁ Ἀγάθων. καὶ ταῦτα μὲν καὶ ὀλίγον
ὕστερον διαδικασόμεθα ἐγώ τε καὶ σὺ περὶ τῆς σοφίας, δικαστῇ

But I said, 'No, leave him alone. He's always doing this. It doesn't
matter where he is. He just wanders off and stands there. I don't think
he'll be long. Don't badger him; just leave him.'

'Well, if you say so, I suppose we'd better.' He turned to the
slaves. 'The rest of us will eat now. Serve the meal just as you like.
No-one's going to tell you how to do it, any more than I ever tell you.
Imagine we're all your guests, and try to give us a meal we'll enjoy.'

So we started having dinner, though still no sign of Socrates.
Agathon kept wanting to send people to look for him, but I wouldn't
let him. When he did turn up, he hadn't been long by his standards,
but even so we were about halfway through dinner. Agathon, who'd
sat down last, at a table on his own, said 'Come and sit next to me,
Socrates. Then perhaps I shall absorb whatever it was you were think-
ing about outside. You must have found the answer, or you wouldn't
have come in to join us.'

Socrates sat down. 'Wouldn't it be marvellous, Agathon,' he
said, 'if ideas were the kind of things which could be imparted simply
by contact, and those of us who had few could absorb them from
those who had a lot—in the same sort of way that liquid can flow from
a full container to an empty one, if you put a piece of string between
them? If that's the nature of ideas, then I think I'm lucky to be sitting
next to you, and getting a nice, substantial transfusion. My ideas
aren't much use. They have an ambiguous, dreamlike quality, whereas
yours are brilliant, and with so much scope for further improvement.
You're only young, and yet they were particularly brilliant the day
before yesterday, as more than thirty thousand Greeks can testify.'

'Don't be sarcastic, Socrates. And let's settle this question of
ideas a bit later. We'll give Dionysus the casting vote. But you'd bet-
ter have dinner first.'

So Socrates sat down and ate, with the others. We poured offer-

χρώμενοι τῷ Διονύσῳ· νῦν δὲ πρὸς τὸ δεῖπνον πρῶτα τρέπου.

μετὰ ταῦτα, ἔφη, κατακλινέντος τοῦ Σωκράτους καὶ δειπνήσαντος καὶ τῶν ἄλλων, σπονδάς τε σφᾶς ποιήσασθαι καὶ ᾄσαντας τὸν θεὸν καὶ τἆλλα τὰ νομιζόμενα τρέπεσθαι πρὸς τὸν πότον· τὸν οὖν Παυσανίαν ἔφη λόγου τοιούτου τινὸς κατάρχειν. Εἶεν, ἄνδρες, φάναι, τίνα τρόπον ῥᾷστα πιόμεθα; ἐγὼ μὲν οὖν λέγω ὑμῖν ὅτι τῷ ὄντι πάνυ χαλεπῶς ἔχω ὑπὸ τοῦ χθὲς πότου καὶ δέομαι ἀναψυχῆς τινος, οἶμαι δὲ καὶ ὑμῶν τοὺς πολλούς· παρῆστε γὰρ b χθές. σκοπεῖσθε οὖν τίνι τρόπῳ ἂν ὡς ῥᾷστα πίνοιμεν.

τὸν οὖν Ἀριστοφάνη εἰπεῖν, Τοῦτο μέντοι εὖ λέγεις, ὦ Παυσανία, τὸ παντὶ τρόπῳ παρασκευάσασθαι ῥᾳστώνην τινὰ τῆς πόσεως· καὶ γὰρ αὐτός εἰμι τῶν χθὲς βεβαπτισμένων.

ἀκούσαντα οὖν αὐτῶν ἔφη Ἐρυξίμαχον τὸν Ἀκουμενοῦ Ἦ καλῶς, φάναι, λέγετε. καὶ ἔτι ἑνὸς δέομαι ὑμῶν ἀκοῦσαι πῶς ἔχει πρὸς τὸ ἐρρῶσθαι πίνειν Ἀγάθων.

Οὐδαμῶς, φάναι, οὐδ᾽ αὐτὸς ἔρρωμαι.

c Ἕρμαιον ἂν εἴη ἡμῖν, ἦ δ᾽ ὅς, ὡς ἔοικεν, ἐμοί τε καὶ Ἀριστοδήμῳ καὶ Φαίδρῳ καὶ τοῖσδε, εἰ ὑμεῖς οἱ δυνατώτατοι πίνειν νῦν ἀπειρήκατε· ἡμεῖς μὲν γὰρ ἀεὶ ἀδύνατοι. Σωκράτη δ᾽ ἐξαιρῶ λόγου· ἱκανὸς γὰρ κατ᾽ ἀμφότερα, ὥστ᾽ ἐξαρκέσει αὐτῷ ὁπότερ᾽ ἂν ποιῶμεν. ἐπειδὴ οὖν μοι δοκεῖ οὐδεὶς τῶν παρόντων προθύμως ἔχειν πρὸς τὸ πολὺν πίνειν οἶνον, ἴσως ἂν ἐγὼ περὶ τοῦ μεθύσκεσθαι οἷόν ἐστι τἀληθῆ λέγων ἧττον ἂν εἴην ἀηδής. ἐμοὶ γὰρ δὴ τοῦτό γε οἶμαι κατάδηλον d γεγονέναι ἐκ τῆς ἰατρικῆς ὅτι χαλεπὸν τοῖς ἀνθρώποις ἡ μέθη ἐστίν· καὶ οὔτε αὐτὸς ἑκὼν εἶναι πόρρω ἐθελήσαιμι ἂν πιεῖν οὔτε ἄλλῳ συμβουλεύσαιμι, ἄλλως τε καὶ κραιπαλῶντα ἔτι ἐκ τῆς προτεραίας. Ἀλλὰ μήν, ἔφη φάναι ὑπολαβόντα Φαῖδρον τὸν Μυρρινούσιον, ἔγωγέ σοι εἴωθα πείθεσθαι ἄλλως τε καὶ ἅττ᾽ ἂν περὶ ἰατρικῆς λέγῃς· νῦν δ᾽, ἂν εὖ βουλεύωνται, καὶ οἱ λοιποί. ταῦτα δὴ ἀκούσαντας συγ e χωρεῖν πάντας μὴ διὰ μέθης ποιήσασθαι τὴν ἐν τῷ παρόντι συνουσίαν, ἀλλ᾽ οὕτω πίνοντας πρὸς ἡδονήν.

ings, sang hymns, and did all the usual things. Then our thoughts turned to drinking, and Pausanias made a suggestion. 'Well, gentlemen, how can we make things as painless for ourselves as possible? I must admit to feeling rather frail after yesterday evening. I need a breather, and I expect most of you do, too. After all, you were there as well. So, how can we make our drinking as painless as possible?' b

Aristophanes: I couldn't agree more, Pausanias. Whatever else we do, we don't want to let ourselves in for another evening's hard drinking. I'm one of those who sank without trace last night.

Eryximachus: I'm glad you both feel like that. But we ought also to consider how strong Agathon is feeling.

Agathon: Not at all strong.

Eryximachus: It would certainly be a stroke of luck for people like c Aristodemus and Phaedrus and me, if you hard drinkers are prepared to take an evening off. We're not in your league. I'm not worried about Socrates—he's equally happy either way, so he won't mind what we do. But as far as I can see, no-one here is all that keen on drinking a lot, so perhaps I can tell you the truth about getting drunk without causing too much offence. My experience as a doctor leaves me in no doubt that getting drunk is bad for you. I'm not keen on d drinking to excess myself, and I wouldn't advise anyone else to, especially anyone who still had a hangover from yesterday.

Phaedrus: Well, I generally follow your advice, especially on medical matters. So will the others, if they have any sense.

So we all agreed just to drink what we felt like, rather than treat- e ing it as an opportunity to get drunk.

Eryximachus: Good, that's settled then. We'll all drink as much as we feel like, and there's no compulsion on anyone. And since we've got that sorted out, I've another suggestion to make. I don't think we need this flute girl who's just started playing. She can play to herself,

Ἐπειδὴ τοίνυν, φάναι τὸν Ἐρυξίμαχον, τοῦτο μὲν δέδοκται, πίνειν ὅσον ἂν ἕκαστος βούληται, ἐπάναγκες δὲ μηδὲν εἶναι, τὸ μετὰ τοῦτο εἰσηγοῦμαι τὴν μὲν ἄρτι εἰσελθοῦσαν αὐλητρίδα χαίρειν ἐᾶν, αὐλοῦσαν ἑαυτῇ ἤ, ἂν βούληται, ταῖς γυναιξὶ ταῖς ἔνδον, ἡμᾶς δὲ διὰ λόγων ἀλλήλοις συνεῖναι τὸ τήμερον· καὶ δι' οἵων λόγων, εἰ βούλεσθε, ἐθέλω ὑμῖν εἰσηγήσασθαι.

177   φάναι δὴ πάντας καὶ βούλεσθαι καὶ κελεύειν αὐτὸν εἰσηγεῖσθαι. εἰπεῖν οὖν τὸν Ἐρυξίμαχον ὅτι Ἡ μέν μοι ἀρχὴ τοῦ λόγου ἐστὶ κατὰ τὴν Εὐριπίδου Μελανίππην· οὐ γὰρ ἐμὸς ὁ μῦθος, ἀλλὰ Φαίδρου τοῦδε, ὃν μέλλω λέγειν. Φαῖδρος γὰρ ἑκάστοτε πρός με ἀγανακτῶν λέγει Οὐ δεινόν, φησίν, ὦ Ἐρυξίμαχε, ἄλλοις μέν τισι θεῶν ὕμνους καὶ παιῶνας εἶναι ὑπὸ τῶν ποιητῶν πεποιημένους, τῷ δὲ Ἔρωτι, τηλικούτῳ ὄντι καὶ τοσούτῳ θεῷ, μηδὲ ἕνα πώποτε

b   τοσούτων γεγονότων ποιητῶν πεποιηκέναι μηδὲν ἐγκώμιον; εἰ δὲ βούλει αὖ σκέψασθαι τοὺς χρηστοὺς σοφιστάς, Ἡρακλέους μὲν καὶ ἄλλων ἐπαίνους καταλογάδην συγγράφειν, ὥσπερ ὁ βέλτιστος Πρόδικος· καὶ τοῦτο μὲν ἧττον καὶ θαυμαστόν, ἀλλ' ἔγωγε ἤδη τινὶ ἐνέτυχον βιβλίῳ ἀνδρὸς σοφοῦ, ἐν ᾧ ἐνῆσαν ἅλες ἔπαινον θαυ-

μάσιον ἔχοντες πρὸς ὠφελίαν, καὶ ἄλλα τοιαῦ-

c   τα συχνὰ ἴδοις ἂν ἐγκεκωμιασμένα. τὸ οὖν τοιούτων μὲν πέρι πολλὴν σπουδὴν ποιήσασθαι, Ἔρωτα δὲ μηδένα πω ἀνθρώπων τετολμηκέναι εἰς ταυτηνὶ τὴν ἡμέραν ἀξίως ὑμνῆσαι, ἀλλ' οὕτως ἠμέληται τοσοῦτος θεός. ταῦτα δή μοι δοκεῖ

εὖ λέγειν Φαῖδρος. ἐγὼ οὖν ἐπιθυμῶ ἅμα μὲν τούτῳ ἔρανον εἰσενεγκεῖν καὶ χαρίσασθαι, ἅμα δ' ἐν τῷ παρόντι πρέπον μοι δοκεῖ εἶναι ἡμῖν τοῖς παροῦσι κοσμῆσαι τὸν θεόν. εἰ οὖν συνδοκεῖ καὶ ὑμῖν, γέν-

d   οιτ' ἂν ἡμῖν ἐν λόγοις ἱκανὴ διατριβή· δοκεῖ γάρ μοι χρῆναι ἕκαστον ἡμῶν λόγον εἰπεῖν ἔπαινον Ἔρωτος ἐπιδέξια ὡς ἂν δύνηται κάλλιστον, ἄρχειν δὲ Φαῖδρον πρῶτον, ἐπειδὴ καὶ πρῶτος κατάκειται καὶ ἔστιν ἅμα πατὴρ τοῦ λόγου.

or to the women upstairs, if she feels like it, but for this evening I suggest *we* stick to conversation. And I've an idea what we might talk about, if you want to hear it.

Everyone said they did want to hear it, and urged him to make his suggestion.

Eryximachus: Well, it arises out of Euripides' *Melanippe*. And it isn't really my idea. It's Phaedrus'. He gets quite worked up about it. 'Don't you think it's odd, Eryximachus', he says, 'that most of the other gods have had hymns and songs of praise written to them by the poets, but never a word in praise of Eros, the oldest and greatest b god? And it's not for want of good poets, either. Or think of the great teachers—they've recorded the exploits of Heracles and other heroes, in prose. Prodicus, for example, does that sort of thing beautifully. Now maybe that's not very surprising, but I came across a book the other day, by a well-known writer, with an extraordinary eulogy in it on the 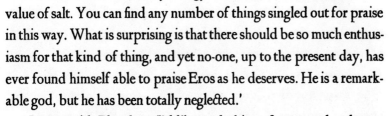 value of salt. You can find any number of things singled out for praise in this way. What is surprising is that there should be so much enthus- c iasm for that kind of thing, and yet no-one, up to the present day, has ever found himself able to praise Eros as he deserves. He is a remarkable god, but he has been totally neglected.'

I agree with Phaedrus. I'd like to do him a favour and make my contribution. What's more, the present gathering seems an ideal opportunity to praise the god. So, if you agree, we can quite happily d spend our time in talk. I propose that each of us in turn, going round anticlockwise, should make a speech, the best he can, in praise of Eros. Phaedrus can start, since he is in the position of honour, and since the whole thing was his idea.

Socrates: I don't think anyone will vote against you, Eryximachus.

Οὐδείς σοι, ὦ Ἐρυξίμαχε, φάναι τὸν Σωκράτη, ἐναντία ψηφιεῖται. οὔτε γὰρ ἄν που ἐγὼ ἀποφήσαιμι, ὃς οὐδέν φημι ἄλλο ἐπίστασθαι ἢ τὰ ἐρωτικά, οὔτε που Ἀγάθων καὶ Παυσανίας, οὐδὲ μὴν Ἀριστοφάνης, ᾧ περὶ Διόνυσον καὶ Ἀφροδίτην πᾶσα ἡ διατριβή, οὐδὲ ἄλλος οὐδεὶς τουτωνὶ ὧν ἐγὼ ὁρῶ. καίτοι οὐκ ἐξ ἴσου γίγνεται ἡμῖν τοῖς ὑστάτοις κατακειμένοις· ἀλλ' ἐὰν οἱ πρόσθεν ἱκανῶς καὶ καλῶς εἴπωσιν, ἐξαρκέσει ἡμῖν. ἀλλὰ τύχῃ ἀγαθῇ καταρχέτω Φαῖδρος καὶ ἐγκωμιαζέτω τὸν Ἔρωτα.

ταῦτα δὴ καὶ οἱ ἄλλοι πάντες ἄρα συνέφασάν τε καὶ ἐκέλευον ἅπερ ὁ Σωκράτης. πάντων μὲν οὖν ἃ ἕκαστος εἶπεν οὔτε πάνυ ὁ Ἀριστόδημος ἐμέμνητο οὔτ' αὖ ἐγὼ ἃ ἐκεῖνος ἔλεγε πάντα· ἃ δὲ μάλιστα καὶ ὧν ἔδοξέ μοι ἀξιομνημόνευτον, τούτων ὑμῖν ἐρῶ ἑκάστου τὸν λόγον.

πρῶτον μὲν γάρ, ὥσπερ λέγω, ἔφη Φαῖδρον ἀρξάμενον ἐνθένδε ποθὲν λέγειν, ὅτι μέγας θεὸς εἴη ὁ Ἔρως καὶ θαυμαστὸς ἐν ἀνθρώποις τε καὶ θεοῖς, πολλαχῇ μὲν καὶ ἄλλῃ, οὐχ ἥκιστα δὲ κατὰ τὴν γένεσιν. Τὸ γὰρ ἐν τοῖς πρεσβύτατον εἶναι τὸν θεὸν τίμιον, ἦ δ' ὅς, τεκμήριον δὲ τούτου· γονῆς γὰρ Ἔρωτος οὔτ' εἰσὶν οὔτε λέγονται ὑπ' οὐδενὸς οὔτε ἰδιώτου οὔτε ποιητοῦ, ἀλλ' Ἡσίοδος πρῶτον μὲν Χάος φησὶ γενέσθαι,

αὐτὰρ ἔπειτα
Γαῖ' εὐρύστερνος, πάντων ἕδος ἀσφαλὲς αἰεί,
ἠδ' Ἔρος.

Ἡσιόδῳ δὲ καὶ Ἀκουσίλεως σύμφησιν μετὰ τὸ Χάος δύο τούτω γενέσθαι, Γῆν τε καὶ Ἔρωτα. Παρμενίδης δὲ τὴν γένεσιν λέγει·

πρώτιστον μὲν Ἔρωτα θεῶν μητίσατο πάντων.

οὕτω πολλαχόθεν ὁμολογεῖται ὁ Ἔρως ἐν τοῖς πρεσβυτάτος εἶ-

I'm certainly not going to refuse, since love is the only thing I ever claim to know anything about. Agathon and Pausanias won't mind – still less Aristophanes, since his only interests in life are Dionysus and Aphrodite. In fact I can't see anyone here who *will* object. It's a little unfair on those of us sitting here in the last positions. Still, if you first speakers speak well enough, we shan't have to worry. Good luck, Phaedrus. You go first, and make your speech in praise of Eros.

They all agreed with Socrates, and told Phaedrus to start. Aristodemus couldn't remember the exact details of everybody's speech, nor in turn can I remember precisely what he said. But I can give you the gist of those speeches and speakers which were most worth remembering.

Phaedrus, as I said, began—something like this.

PHAEDRUS

Eros is a great god, a marvel to men and gods alike. This is true in many ways, and it is especially true of his birth. He is entitled to our respect, as the oldest of the gods—as I can prove. Eros has no parents, either in reality or in works of prose and poetry. Take Hesiod,

ναι. πρεσβύτατος δὲ ὢν μεγίστων ἀγαθῶν ἡμῖν αἴτιός ἐστιν. οὐ γὰρ ἔγωγ' ἔχω εἰπεῖν ὅτι μεῖζόν ἐστιν ἀγαθὸν εὐθὺς νέῳ ὄντι ἢ ἐραστὴς χρηστὸς καὶ ἐραστῇ παιδικά. ὃ γὰρ χρὴ ἀνθρώποις ἡγεῖσθαι παντὸς τοῦ βίου τοῖς μέλλουσι καλῶς βιώσεσθαι, τοῦτο οὔτε συγγένεια οἵα τε ἐμποιεῖν οὕτω καλῶς οὔτε τιμαὶ οὔτε πλοῦτος οὔτ' ἄλλο

d οὐδὲν ὡς ἔρως. λέγω δὲ δὴ τί τοῦτο; τὴν ἐπὶ μὲν τοῖς αἰσχροῖς αἰσχύνην, ἐπὶ δὲ τοῖς καλοῖς φιλοτιμίαν· οὐ γάρ ἐστιν ἄνευ τούτων οὔτε πόλιν οὔτε ἰδιώτην μεγάλα καὶ καλὰ ἔργα ἐξεργάζεσθαι. φημὶ τοίνυν ἐγὼ ἄνδρα ὅστις ἐρᾷ, εἴ τι αἰσχρὸν ποιῶν κατάδηλος γίγνοιτο ἢ πάσχων ὑπό του δι' ἀνανδρίαν μὴ ἀμυνόμενος, οὔτ' ἂν ὑπὸ πατρὸς ὀφθέντα οὕτως ἀλγῆσαι οὔτε ὑπὸ ἑταίρων οὔτε ὑπ' ἄλλου

e οὐδενὸς ὡς ὑπὸ παιδικῶν. ταὐτὸν δὲ τοῦτο καὶ τὸν ἐρώμενον ὁρῶμεν, ὅτι διαφερόντως τοὺς ἐραστὰς αἰσχύνεται, ὅταν ὀφθῇ ἐν αἰσχρῷ τινι ὤν. εἰ οὖν μηχανή τις γένοιτο ὥστε πόλιν γενέσθαι ἢ στρατόπεδον ἐραστῶν τε καὶ παιδικῶν, οὐκ ἔστιν ὅπως ἂν ἄμεινον οἰκήσειαν τὴν ἑαυτῶν ἢ ἀπεχόμενοι πάντων τῶν αἰσχρῶν καὶ φιλο-

179 τιμούμενοι πρὸς ἀλλήλους, καὶ μαχόμενοί γ' ἂν μετ' ἀλλήλων οἱ τοιοῦτοι νικῷεν ἂν ὀλίγοι ὄντες ὡς ἔπος εἰπεῖν πάντας ἀνθρώπους. ἐρῶν γὰρ ἀνὴρ ὑπὸ παιδικῶν ὀφθῆναι ἢ λιπὼν τάξιν ἢ ὅπλα ἀποβαλὼν ἧττον ἂν δήπου δέξαιτο ἢ ὑπὸ πάντων τῶν ἄλλων, καὶ πρὸ τούτου τεθνάναι ἂν πολλάκις ἕλοιτο. καὶ μὴν ἐγκαταλιπεῖν γε τὰ παιδικὰ ἢ μὴ βοηθῆσαι κινδυνεύοντι — οὐδεὶς οὕτω κακὸς ὅντινα οὐκ ἂν αὐτὸς ὁ Ἔρως ἔνθεον ποιήσειε πρὸς ἀρετήν, ὥστε

b ὅμοιον εἶναι τῷ ἀρίστῳ φύσει· καὶ ἀτεχνῶς, ὃ ἔφη Ὅμηρος, μένος ἐμπνεῦσαι ἐνίοις τῶν ἡρώων τὸν θεόν, τοῦτο ὁ Ἔρως τοῖς ἐρῶσι παρέχει γιγνόμενον παρ' αὑτοῦ.

καὶ μὴν ὑπεραποθνήσκειν γε μόνοι ἐθέλουσιν οἱ ἐρῶντες, οὐ μόνον ὅτι ἄνδρες, ἀλλὰ καὶ αἱ γυναῖκες. τούτου δὲ καὶ ἡ Πελίου θυγάτηρ Ἄλκηστις ἱκανὴν μαρτυρίαν παρέχεται ὑπὲρ τοῦδε τοῦ λόγου εἰς τοὺς Ἕλληνας, ἐθελήσασα μόνη ὑπὲρ τοῦ αὑτῆς ἀνδρὸς ἀποθαν-

for example. All he says is that in the beginning there was Chaos. '. . . and then came the full-breasted Earth, the eternal and immovable foundation of everything, and Eros.' Acusilaus agrees with Hesiod, that after Chaos there were just these two, Earth and Eros. And then there's Parmenides' theory about his birth, that 'Eros was created first of the Gods.' So there is widespread agreement that Eros is of great antiquity. And being very old he also brings us very great benefits. I can see nothing better in life for a young boy, as soon as he is old enough, than finding a good lover, nor for a lover than finding a boy friend. Love, more than anything (more than family, or position, or wealth), implants in men the thing which must be their guide if they are to live a good life. And what is that? It is a horror of what is degrading, and a passionate desire for what is good. These qualities are essential if a state or an individual is to accomplish anything great or good. Imagine a man in love being found out doing something humiliating, or letting someone else do something degrading to him, because he was too cowardly to stop it. It would embarrass him more to be found out by the boy he loved than by his father or his friends, or anyone. And you can see just the same thing happening with the boy. He is more worried about being caught behaving badly by his admirers than by anyone else. So if there were some way of arranging that a state, or an army, could be made up entirely of pairs of lovers, it is impossible to imagine a finer population. They would avoid all dishonour, and compete with one another for glory: in battle, this kind of army, though small, fighting side by side could conquer virtually the whole world. After all, a lover would sooner be seen by anyone deserting his post or throwing away his weapons, rather than by his boyfriend. He would normally choose to die many times over instead. And as for abandoning the boy, or not trying to save him if he is in danger—no-one is such a coward as not to be inspired with cour-

c   εἶν, ὄντων αὐτῷ πατρός τε καὶ μητρός, οὓς ἐκείνη τοσοῦτον ὑπερ-
εβάλετο τῇ φιλίᾳ διὰ τὸν ἔρωτα, ὥστε ἀποδεῖξαι αὐτοὺς ἀλλο-
τρίους ὄντας τῷ υἱεῖ καὶ ὀνόματι μόνον προσήκοντας· καὶ τοῦτ'
ἐργασαμένη τὸ ἔργον οὕτω καλὸν ἔδοξεν ἐργάσασθαι οὐ μόνον
ἀνθρώποις ἀλλὰ καὶ θεοῖς, ὥστε πολλῶν πολλὰ καὶ καλὰ ἐργασα-
μένων εὐαριθμήτοις δή τισιν ἔδοσαν τοῦτο γέρας οἱ θεοί, ἐξ Ἅιδου

ἀνεῖναι πάλιν τὴν ψυχήν, ἀλλὰ τὴν ἐκείνης ἀνεῖσαν ἀγασθέντες
d   τῷ ἔργῳ. οὕτω καὶ θεοὶ τὴν περὶ τὸν ἔρωτα σπουδήν τε καὶ ἀρετὴν
μάλιστα τιμῶσιν. Ὀρφέα δὲ τὸν Οἰάγρου ἀτελῆ ἀπέπεμψαν ἐξ
Ἅιδου, φάσμα δείξαντες τῆς γυναικὸς ἐφ' ἣν ἧκεν, αὐτὴν δὲ οὐ δόν-
τες, ὅτι μαλθακίζεσθαι ἐδόκει, ἅτε ὢν κιθαρῳδός, καὶ οὐ τολμᾶν
ἕνεκα τοῦ ἔρωτος ἀποθνήσκειν ὥσπερ Ἄλκηστις, ἀλλὰ διαμηχαν-
ᾶσθαι ζῶν εἰσιέναι εἰς Ἅιδου. τοιγάρτοι διὰ ταῦτα δίκην αὐτῷ ἐπ-
έθεσαν, καὶ ἐποίησαν τὸν θάνατον αὐτοῦ ὑπὸ γυναικῶν γενέσθαι,
e   οὐχ ὥσπερ Ἀχιλλέα τὸν τῆς Θέτιδος υἱὸν ἐτίμησαν καὶ εἰς μακ-
άρων νήσους ἀπέπεμψαν, ὅτι πεπυσμένος παρὰ τῆς μητρὸς ὡς
ἀποθανοῖτο ἀποκτείνας Ἕκτορα, μὴ ποιήσας δὲ τοῦτο οἴκαδε ἐλθ-
ὼν γηραιὸς τελευτήσοι, ἐτόλμησεν ἑλέσθαι βοηθήσας τῷ ἐραστῇ
180   Πατρόκλῳ καὶ τιμωρήσας οὐ μόνον ὑπεραποθανεῖν ἀλλὰ καὶ ἐπ-
αποθανεῖν τετελευτηκότι· ὅθεν δὴ καὶ ὑπεραγασθέντες οἱ θεοὶ δια-
φερόντως αὐτὸν ἐτίμησαν, ὅτι τὸν ἐραστὴν οὕτω περὶ πολλοῦ
ἐποιεῖτο. Αἰσχύλος δὲ φλυαρεῖ φάσκων Ἀχιλλέα Πατρόκλου ἐρᾶν,
ὃς ἦν καλλίων οὐ μόνον Πατρόκλου ἀλλ' ἄρα καὶ τῶν ἡρώων ἁπάν-
των, καὶ ἔτι ἀγένειος, ἔπειτα νεώτερος πολύ, ὥς φησιν Ὅμηρος.
ἀλλὰ γὰρ τῷ ὄντι μάλιστα μὲν ταύτην τὴν ἀρετὴν οἱ θεοὶ τιμῶσιν

age by Eros, making him the equal of the naturally brave man. Homer says, and rightly, that god breathes fire into some of his heroes. And it is just this quality, whose origin is to be found within himself, that Eros imparts to lovers.

What is more, lovers are the only people prepared to die for others. Not just men, either; women also sometimes. A good example is Alcestis, the daughter of Pelias. She alone was willing to die for her husband. He had a father and mother but she so far surpassed them in devotion, because of her passion for him, that she showed them to be strangers to their son, relations in name only. In so doing she was thought, by men and gods alike, to have performed a deed of supreme excellence. Indeed the gods were so pleased with her action that they brought her soul back from the underworld—a privilege they granted to only a fortunate handful of the many people who have done good deeds. That shows how highly even the gods value loyalty and courage in love. Orpheus, the son of Oeagrus, on the other hand, was sent away from the underworld emptyhanded; he was shown a mere phantom of the woman he came to find, and not given the woman herself. Of course Orpheus was a musician, and the gods thought he was a bit of a coward, lacking the courage to die for his love, as Alcestis did, but trying to find a way of getting into the underworld alive. They punished him further for that, giving him death at the hands of women.

In contrast, the man whom the gods honoured above all was Achilles, the son of Thetis. They sent him to the Islands of the Blessed. His mother had warned him that if he killed Hector he would himself be killed, but if he didn't, he would return home and live to a ripe old age. Nevertheless out of loyalty to his lover Patroclus he chose without hesitation to die—not to save him, but to avenge him; for Patroclus had already been killed. The gods were full of admira-

b   τὴν περὶ τὸν ἔρωτα, μᾶλλον μέντοι θαυμάζουσιν καὶ ἄγανται καὶ
    εὖ ποιοῦσιν ὅταν ὁ ἐρώμενος τὸν ἐραστὴν ἀγαπᾷ ἢ ὅταν ὁ ἐρασ-
    τὴς τὰ παιδικά. θειότερον γὰρ ἐραστὴς παιδικῶν. ἔνθεος γάρ ἐστι.
    διὰ ταῦτα καὶ τὸν Ἀχιλλέα τῆς Ἀλκήστιδος μᾶλλον ἐτίμησαν, εἰς
    μακάρων νήσους ἀποπέμψαντες.
      οὕτω δὴ ἔγωγέ φημι Ἔρωτα θεῶν καὶ πρεσβύτατον καὶ τιμιώτατον
    καὶ κυριώτατον εἶναι εἰς ἀρετῆς καὶ εὐδαιμονίας κτῆσιν ἀνθρώποις
    καὶ ζῶσι καὶ τελευτήσασιν.

c   Φαῖδρον μὲν τοιοῦτόν τινα λόγον ἔφη εἰπεῖν, μετὰ δὲ Φαῖδρον
    ἄλλους τινὰς εἶναι ὧν οὐ πάνυ διεμνημόνευε· οὓς παρεὶς τὸν Παυσ-
    ανίου λόγον διηγεῖτο. εἰπεῖν δ' αὐτὸν ὅτι Οὐ καλῶς μοι δοκεῖ, ὦ
    Φαῖδρε, προβεβλῆσθαι ἡμῖν ὁ λόγος, τὸ ἁπλῶς οὕτως παρηγγέλ-
    θαι ἐγκωμιάζειν Ἔρωτα. εἰ μὲν γὰρ εἷς ἦν ὁ Ἔρως, καλῶς ἂν εἶχε,
    νῦν δὲ οὐ γάρ ἐστιν εἷς· μὴ ὄντος δὲ ἑνὸς ὀρθότερόν ἐστι πρότερον
d   προρρηθῆναι ὁποῖον δεῖ ἐπαινεῖν. ἐγὼ οὖν πειράσομαι τοῦτο ἐπαν-
    ορθώσασθαι, πρῶτον μὲν Ἔρωτα φράσαι ὃν δεῖ ἐπαινεῖν, ἔπειτα
    ἐπαινέσαι ἀξίως τοῦ θεοῦ. πάντες γὰρ ἴσμεν ὅτι οὐκ ἔστιν ἄνευ
    Ἔρωτος Ἀφροδίτη. μιᾶς μὲν οὖν οὔσης εἷς ἂν ἦν Ἔρως· ἐπεὶ δὲ δὴ
    δύο ἐστόν, δύο ἀνάγκη καὶ Ἔρωτε εἶναι. πῶς δ' οὐ δύο τὼ θεά; ἥ
    μέν γέ που πρεσβυτέρα καὶ ἀμήτωρ Οὐρανοῦ θυγάτηρ, ἣν δὴ καὶ
    Οὐρανίαν ἐπονομάζομεν· ἡ δὲ νεωτέρα Διὸς καὶ Διώνης, ἣν δὴ

tion, and gave him the highest possible honour, because he valued his lover so highly.

Incidentally, Aeschylus' view, that it was Achilles who was in love with Patroclus, is nonsense. Quite apart from the fact that he was more beautiful than Patroclus (and than all the other Greek heroes, come to that) and had not yet grown a beard, he was also, according to Homer, much younger. And he must have been younger because it is an undoubted fact that the gods, though they always value courage which comes from love, are most impressed and pleased, and grant the greatest rewards, when the younger man is   b loyal to his lover, than when the lover is loyal to him. That's because the lover is a more divine creature than the younger man, since he is divinely inspired. And that's why they honoured Achilles more than Alcestis, and sent him to the Islands of the Blessed.

There you are then. I claim that Eros is the oldest of the gods, the most deserving of our respect, and the most useful, for those men, past and present, who want to attain excellence and happiness.

That was the gist of Phaedrus' speech. After him, several other   c people spoke, but Aristodemus couldn't really remember what they said. So he left them out and recounted Pausanias' speech.

PAUSANIAS

Phaedrus, I don't think we've been very accurate in defining our subject for discussion. We've simply said that we must make a speech in praise of Eros. That would be fine, if there were just one Eros. In fact, however, there isn't. And since there isn't, we would do better to define first which Eros we are to praise. I am going to try to put   d things straight—first defining which Eros we are supposed to be praising, and then trying to praise the god as he deserves.

We are all well aware, I take it, that without Eros there is no

e Πάνδημον καλοῦμεν. ἀναγκαῖον δὴ καὶ Ἔρωτα τὸν μὲν τῇ ἑτέρᾳ συνεργὸν Πάνδημον ὀρθῶς καλεῖσθαι, τὸν δὲ Οὐράνιον. ἐπαινεῖν μὲν οὖν δεῖ πάντας θεούς, ἃ δ' οὖν ἑκάτερος εἴληχε πειρατέον εἰπεῖν. πᾶσα γὰρ πρᾶξις ὧδ' ἔχει· αὐτὴ ἐφ' ἑαυτῆς πραττομένη οὔτε

181 καλὴ οὔτε αἰσχρά. οἷον ὃ νῦν ἡμεῖς ποιοῦμεν, ἢ πίνειν ἢ ᾄδειν ἢ διαλέγεσθαι, οὐκ ἔστι τούτων αὐτὸ καλὸν οὐδέν, ἀλλ' ἐν τῇ πράξει, ὡς ἂν πραχθῇ, τοιοῦτον ἀπέβη· καλῶς μὲν γὰρ πραττόμενον καὶ ὀρθῶς καλὸν γίγνεται, μὴ ὀρθῶς δὲ αἰσχρόν. οὕτω δὴ καὶ τὸ ἐρᾶν καὶ ὁ Ἔρως οὐ πᾶς ἐστι καλὸς οὐδὲ ἄξιος ἐγκωμιάζεσθαι, ἀλλὰ ὁ καλῶς προτρέπων ἐρᾶν.

ὁ μὲν οὖν τῆς Πανδήμου Ἀφροδίτης ὡς ἀληθῶς πάνδημός ἐστι

b καὶ ἐξεργάζεται ὅτι ἂν τύχῃ· καὶ οὗτός ἐστιν ὃν οἱ φαῦλοι τῶν ἀνθρώπων ἐρῶσιν. ἐρῶσι δὲ οἱ τοιοῦτοι πρῶτον μὲν οὐχ ἧττον γυναικῶν ἢ παίδων, ἔπειτα ὧν καὶ ἐρῶσι τῶν σωμάτων μᾶλλον ἢ τῶν ψυχῶν, ἔπειτα ὡς ἂν δύνωνται ἀνοητοτάτων, πρὸς τὸ διαπράξασθαι μόνον βλέποντες, ἀμελοῦντες δὲ τοῦ καλῶς ἢ μή· ὅθεν δὴ συμβαίνει αὐτοῖς, ὅτι ἂν τύχωσι, τοῦτο πράττειν, ὁμοίως μὲν ἀγαθόν, ὁμοίως δὲ τοὐναντίον. ἔστι γὰρ καὶ ἀπὸ τῆς θεοῦ νεω-

c τέρας τε οὔσης πολὺ ἢ τῆς ἑτέρας, καὶ μετεχούσης ἐν τῇ γενέσει καὶ θήλεος καὶ ἄρρενος. ὁ δὲ τῆς Οὐρανίας πρῶτον μὲν οὐ μετεχούσης θήλεος ἀλλ' ἄρρενος μόνον (καί ἐστιν οὗτος ὁ τῶν παίδων ἔρως), ἔπειτα πρεσβυτέρας, ὕβρεως ἀμοίρου· ὅθεν δὴ ἐπὶ τὸ ἄρρεν τρέπονται οἱ ἐκ τούτου τοῦ ἔρωτος ἔπιπνοι, τὸ φύσει ἐρρωμενέστερον καὶ νοῦν μᾶλλον ἔχον ἀγαπῶντες. καί τις ἂν γνοίη καὶ ἐν

d αὐτῇ τῇ παιδεραστίᾳ τοὺς εἰλικρινῶς ὑπὸ τούτου τοῦ ἔρωτος ὡρμημένους· οὐ γὰρ ἐρῶσι παίδων, ἀλλ' ἐπειδὰν ἤδη ἄρχωνται νοῦν ἴσχειν, τοῦτο δὲ πλησιάζει τῷ γενειάσκειν. παρεσκευασμένοι γὰρ οἶμαί εἰσιν οἱ ἐντεῦθεν ἀρχόμενοι ἐρᾶν ὡς τὸν βίον ἅπαντα συνεσόμενοι καὶ κοινῇ συμβιωσόμενοι, ἀλλ' οὐκ ἐξαπατήσαντες, ἐν ἀφροσύνῃ λαβόντες ὡς νέον, καταγελάσαντες οἰχήσεσθαι ἐπ' ἄλλ-

Aphrodite. If there were only one Aphrodite, there would be one Eros. However, since there are in fact two Aphrodites, it follows that Eros likewise must be two. There's no doubt about there being two Aphrodites; the older has no mother, and is the daughter of Heaven. We call her Heavenly Aphrodite. The younger is the daughter of Zeus and Dione, and we call her Common Aphrodite. It follows that   e
the Eros who assists this Aphrodite should also, properly speaking, be called Common Eros, and the other Heavenly Eros. We certainly ought to praise all the gods, but we should also attempt to define what is the proper province of each.

It is in general true of any activity that, simply in itself, it is neither good nor bad. Take what we're doing now, for example – that is to   181
say drinking, or singing, or talking. None of these is good or bad in itself, but each becomes so, depending on the way it is done. Well and rightly done, it is good; wrongly done, it is bad. And it's just the same with loving, and Eros. It's not all good, and doesn't all deserve praise. The Eros we should praise is the one which encourages people to love in the right way.

The Eros associated with Common Aphrodite is, in all senses of the word, common, and quite haphazard in his operation. This is the   b
love of the man in the street. For a start, he is as likely to fall in love with women as with boys. Secondly, he falls in love with their bodies rather than their minds. Thirdly, he picks the most unintelligent people he can find, since all he's interested in is the sexual act. He doesn't care whether it's done in the right way or not. That is why the effect of this Eros is haphazard—sometimes good, sometimes the reverse. This love derives its existence from the much younger Aphrodite, the one composed equally of the female and male elements.   c

The other Eros springs from Heavenly Aphrodite, and in the first place is composed solely of the male element, with none of the

ον ἀποτρέχοντες. χρὴν δὲ καὶ νόμον εἶναι μὴ ἐρᾶν παίδων, ἵνα μὴ

e εἰς ἄδηλον πολλὴ σπουδὴ ἀνηλίσκετο· τὸ γὰρ τῶν παίδων τέλος
ἄδηλον οἷ τελευτᾷ κακίας καὶ ἀρετῆς ψυχῆς τε πέρι καὶ σώματος.
οἱ μὲν οὖν ἀγαθοὶ τὸν νόμον τοῦτον αὐτοὶ αὑτοῖς ἑκόντες τίθενται,

χρὴν δὲ καὶ τούτους τοὺς πανδήμους ἐραστὰς προσαναγκάζειν τὸ
τοιοῦτον, ὥσπερ καὶ τῶν ἐλευθέρων γυναικῶν προσαναγκάζομεν

182 αὐτοὺς καθ' ὅσον δυνάμεθα μὴ ἐρᾶν. οὗτοι γάρ εἰσιν οἱ καὶ τὸ
ὄνειδος πεποιηκότες, ὥστε τινὰς τολμᾶν λέγειν ὡς αἰσχρὸν χαρίζ-
εσθαι ἐρασταῖς· λέγουσι δὲ εἰς τούτους ἀποβλέποντες, ὁρῶντες
αὐτῶν τὴν ἀκαιρίαν καὶ ἀδικίαν, ἐπεὶ οὐ δήπου κοσμίως γε καὶ
νομίμως ὁτιοῦν πρᾶγμα πραττόμενον ψόγον ἂν δικαίως φέροι.
καὶ δὴ καὶ ὁ περὶ τὸν ἔρωτα νόμος ἐν μὲν ταῖς ἄλλαις πόλεσι νοῆ-
σαι ῥᾴδιος, ἁπλῶς γὰρ ὥρισται· ὁ δ' ἐνθάδε καὶ ἐν Λακεδαίμονι

b ποικίλος. ἐν Ἤλιδι μὲν γὰρ καὶ ἐν Βοιωτοῖς, καὶ οὗ μὴ σοφοὶ λέγειν,
ἁπλῶς νενομοθέτηται καλὸν τὸ χαρίζεσθαι ἐρασταῖς, καὶ οὐκ ἄν
τις εἴποι οὔτε νέος οὔτε παλαιὸς ὡς αἰσχρόν, ἵνα οἶμαι μὴ πράγματ'
ἔχωσιν λόγῳ πειρώμενοι πείθειν τοὺς νέους, ἅτε ἀδύνατοι λέγειν·
τῆς δὲ Ἰωνίας καὶ ἄλλοθι πολλαχοῦ αἰσχρὸν νενόμισται, ὅσοι ὑπὸ
βαρβάροις οἰκοῦσιν. τοῖς γὰρ βαρβάροις διὰ τὰς τυραννίδας αἰσ-

c χρὸν τοῦτό γε, καὶ ἥ γε φιλοσοφία καὶ ἡ φιλογυμναστία. οὐ γὰρ
οἶμαι συμφέρει τοῖς ἄρχουσι φρονήματα μεγάλα ἐγγίγνεσθαι τῶν

female (so it is the love of boys we are talking about), and in the second place is older, and hence free from lust. In consequence, those inspired by this love turn to the male, attracted by what is naturally stronger and of superior intelligence. And even among those who love boys you can tell the ones whose love is purely heavenly. They   d
only fall in love with boys old enough to think for themselves – in other words, with boys who are nearly grown up.

Those who start a love affair with boys of that age are prepared, I think, to be friends, and live together, for life. The others are deceivers, who take advantage of youthful folly, and then quite cheerfully abandon their victims in search of others. There ought really to be a law against loving young boys, to stop so much energy being ex-   e
pended on an uncertain end. After all, no-one knows how good or bad, in mind and body, young boys will eventually turn out. Good men voluntarily observe this rule, but the common lovers I am talking about should be compelled to do the same, just as we stop them, so far as we can, falling in love with free women. They are actually the   182
people who have brought the thing into disrepute, with the result that some people even go so far as to say that it is wrong to satisfy your lover. It is the common lover they have in mind when they say this, regarding his demands as premature and unfair to the boy. Surely nothing done with restraint and decency could reasonably incur criticism.

What is more, while sexual conventions in other states are clearcut and easy to understand, here and in Sparta, by contrast, they are   b
complex. In Elis, for example, or Boeotia, and places where they are not sophisticated in their use of language, it is laid down, quite straightforwardly, that is it right to satisfy your lover. No-one, old or young, would say it was wrong, and the reason, I take it, is that they don't want to have all the trouble of trying to persuade them verb-

ἀρχομένων, οὐδὲ φιλίας ἰσχυρᾶς καὶ κοινωνίας· ὃ δὴ μάλιστα φιλεῖ
τά τε ἄλλα πάντα καὶ ὁ ἔρως ἐμποιεῖν. ἔργῳ δὲ τοῦτο ἔμαϑον καὶ
οἱ ἐνϑάδε τύραννοι· ὁ γὰρ Ἀριστογείτονος ἔρως καὶ ἡ Ἁρμοδίου

    φιλία βέβαιος γενομένη κατέλυσεν αὐτῶν τὴν ἀρχήν. οὕτως οὖ
d μὲν αἰσχρὸν ἐτέϑη χαρίζεσϑαι ἐρασταῖς, κακίᾳ τῶν ϑεμένων κεῖται,
τῶν μὲν ἀρχόντων πλεονεξίᾳ, τῶν δὲ ἀρχομένων ἀνανδρίᾳ· οὖ δὲ
καλὸν ἁπλῶς ἐνομίσϑη, διὰ τὴν τῶν ϑεμένων τῆς ψυχῆς ἀργίαν.
ἐνϑάδε δὲ πολὺ τούτων κάλλιον νενομοϑέτηται, καὶ ὅπερ εἶπον, οὐ
ῥᾴδιον κατανοῆσαι. ἐνϑυμηϑέντι γὰρ ὅτι λέγεται κάλλιον τὸ φαν-
ερῶς ἐρᾶν τοῦ λάϑρᾳ, καὶ μάλιστα τῶν γενναιοτάτων καὶ ἀρίστων,
κἂν αἰσχίους ἄλλων ὦσι, καὶ ὅτι αὖ ἡ παρακέλευσις τῷ ἐρῶντι
παρὰ πάντων ϑαυμαστή, οὐχ ὥς τι αἰσχρὸν ποιοῦντι, καὶ ἑλόντι
e τε καλὸν δοκεῖ εἶναι καὶ μὴ ἑλόντι αἰσχρόν, καὶ πρὸς τὸ ἐπιχειρεῖν
ἑλεῖν ἐξουσίαν ὁ νόμος δέδωκε τῷ ἐραστῇ ϑαυμαστὰ ἔργα ἐργαζ-
ομένῳ ἐπαινεῖσϑαι, ἃ εἴ τις τολμῴη ποιεῖν ἄλλ' ὁτιοῦν διώκων καὶ
183 βουλόμενος διαπράξασϑαι πλὴν τοῦτο, τὰ μέγιστα καρποῖτ' ἂν
ὀνείδη — εἰ γὰρ ἢ χρήματα βουλόμενος παρά του λαβεῖν ἢ ἀρχὴν
ἄρξαι ἤ τινα ἄλλην δύναμιν ἐϑέλοι ποιεῖν οἷάπερ οἱ ἐρασταὶ πρὸς
τὰ παιδικά, ἱκετείας τε καὶ ἀντιβολήσεις ἐν ταῖς δεήσεσιν ποιού-
μενοι, καὶ ὅρκους ὀμνύντες, καὶ κοιμήσεις ἐπὶ ϑύραις, καὶ ἐϑέλοντες
δουλείας δουλεύειν οἵας οὐδ' ἂν δοῦλος οὐδείς, ἐμποδίζοιτο ἂν μὴ
πράττειν οὕτω τὴν πρᾶξιν καὶ ὑπὸ φίλων καὶ ὑπὸ ἐχϑρῶν, τῶν μὲν
b ὀνειδιζόντων κολακείας καὶ ἀνελευϑερίας, τῶν δὲ νουϑετούντων
καὶ αἰσχυνομένων ὑπὲρ αὐτῶν. τῷ δ' ἐρῶντι πάντα ταῦτα ποιοῦντι
χάρις ἔπεστι, καὶ δέδοται ὑπὸ τοῦ νόμου ἄνευ ὀνείδους πράττειν,

ally, when they're such poor speakers. On the other hand, in Ionia and many other places under Persian rule, it is regarded as wrong. That is because the Persians' system of government (dictatorships) makes them distrust it, just as they distrust philosophy and communal exercise. It doesn't suit the rulers that their subjects should think noble thoughts, nor that they should form the strong friendships or attachments which these activities, and in particular love, tend to produce. Dictators here in Athens learnt the same lesson, by experience. The relationship between Harmodius and his lover, Aristogeiton, was strong enough to put an end to the dictators' rule.

In short, the convention that satisfying your lover is wrong is a result of the moral weakness of those who observe the convention—the rulers' desire for power, and their subjects' cowardice. The belief that it is always right can be attributed to mental laziness. Our customs are much better but, as I said, not easy to understand. Think about it—let's take the lover first. Open love is regarded as better than secret love, and so is love of the noblest and best people, even if they are not the best-looking. In fact, there is remarkable encouragement of the lover from all sides. He is not regarded as doing anything wrong; it is a good thing if he gets what he wants, and a shame if he doesn't. And when it comes to trying to get what he wants, we give the lover permission to do the most amazing things, and be applauded for them—things which, if he did them with any other aim or intention, would cover him in reproach. Think of the way lovers behave towards the boys they love—think of the begging and entreating involved in their demands, the oaths they swear, the nights they spend sleeping outside the boys' front doors, the slavery they are prepared to endure (which no slave would put up with). If they behaved like this for money, or position, or influence of any kind, they would be told to stop by friends and enemies alike. Their enemies

c

d

e

183

ὡς πάγκαλόν τι πρᾶγμα διαπραττομένου. ὃ δὲ δεινότατον, ὥς γε λέγουσιν οἱ πολλοί, ὅτι καὶ ὀμνύντι μόνῳ συγγνώμη παρὰ θεῶν ἐκβάντι τῶν ὅρκων· ἀφροδίσιον γὰρ ὅρκον οὔ φασιν εἶναι· οὕτω καὶ

c   οἱ θεοὶ καὶ οἱ ἄνθρωποι πᾶσαν ἐξουσίαν πεποιήκασι τῷ ἐρῶντι, ὡς ὁ νόμος φησὶν ὁ ἐνθάδε. ταύτῃ μὲν οὖν οἰηθείη ἄν τις πάγκαλον νομίζεσθαι ἐν τῇδε τῇ πόλει καὶ τὸ ἐρᾶν καὶ τὸ φίλους γίγνεσθαι

τοῖς ἐρασταῖς. ἐπειδὰν δὲ παιδαγωγοὺς ἐπιστήσαντες οἱ πατέρες τοῖς ἐρωμένοις μὴ ἐῶσι διαλέγεσθαι τοῖς ἐρασταῖς, καὶ τῷ παιδαγωγῷ ταῦτα προστεταγμένα ᾖ, ἡλικιῶται δὲ καὶ ἑταῖροι ὀνειδίζωσιν ἐάν τι δρῶσιν τοιοῦτον γιγνόμενον, καὶ τοὺς ὀνειδίζοντας αὖ οἱ

d   πρεσβύτεροι μὴ διακωλύωσι μηδὲ λοιδορῶσιν ὡς οὐκ ὀρθῶς λέγοντας, εἰς δὲ ταῦτά τις αὖ βλέψας ἡγήσαιτ' ἂν πάλιν αἴσχιστον τὸ τοιοῦτον ἐνθάδε νομίζεσθαι. τὸ δὲ οἶμαι ὧδ' ἔχει· οὐχ ἁπλοῦν ἐστιν, ὅπερ ἐξ ἀρχῆς ἐλέχθη οὔτε καλὸν εἶναι αὐτὸ καθ' αὑτὸ οὔτε αἰσχρόν, ἀλλὰ καλῶς μὲν πραττόμενον καλόν, αἰσχρῶς δὲ αἰσχρόν. αἰσχρῶς μὲν οὖν ἐστι πονηρῷ τε καὶ πονηρῶς χαρίζεσθαι, καλῶς δὲ χρηστῷ τε καὶ καλῶς. πονηρὸς δ' ἐστὶν ἐκεῖνος ὁ ἐραστ-

e   τὴς ὁ πάνδημος, ὁ τοῦ σώματος μᾶλλον ἢ τῆς ψυχῆς ἐρῶν· καὶ γὰρ οὐδὲ μόνιμός ἐστιν, ἅτε οὐδὲ μονίμου ἐρῶν πράγματος. ἅμα γὰρ τῷ τοῦ σώματος ἄνθει λήγοντι, οὗπερ ἤρα, οἴχεται ἀπο-

would call their behaviour dependent and servile, while their friends   b
would censure them sharply, and even be embarrassed for them. And
yet a lover can do all these things, and be approved of. Custom at-
taches no blame to his actions, since he is reckoned to be acting in a
wholly honourable way. The strangest thing of all is that, in most
people's opinion, the lover has a unique dispensation from the gods
to swear an oath and then break it. Lovers' vows, apparently, are not
binding.

So far, then, gods and men alike give all kinds of licence to the   c
lover, and an observer of Athenian life might conclude that it was an
excellent thing, in this city, both to be a lover and to be friendly to
lovers. But when we come to the boy, the position is quite different.
Fathers give their sons escorts, when men fall in love with them, and
don't allow them to talk to their lovers—and those are the escort's in-
structions as well. The boy's peers and friends jeer at him if they see
anything of the kind going on, and when their elders see them jeering,
they don't stop them, or tell them off, as they should if the jeers were   d
unjustified. Looking at this side of things, you would come to the op-
posite conclusion—that this kind of thing is here regarded as highly
reprehensible.

The true position, I think, is this. Going back to my original state-
ment, there isn't one single form of love. So love is neither right nor
wrong in itself. Done rightly, it is right; done wrongly, it is wrong. It
is wrong if you satisfy the wrong person, for the wrong reasons, and
right if you satisfy the right person, for the right reasons. The wrong
person is the common lover I was talking about—the one who loves
the body rather than the mind. His love is not lasting, since *what* he   e
loves is not lasting either. As soon as the youthful bloom of the body
(which is what he loves) starts to fade, he 'spreads his wings and is off',
as they say, making a mockery of all his speeches and promises. On

πτάμενος, πολλοὺς λόγους καὶ ὑποσχέσεις καταισχύνας· ὁ δὲ τοῦ ἤθους χρηστοῦ ὄντος ἐραστῆς διὰ βίου μένει, ἅτε μονίμῳ συν-

184

τακείς. τούτους δὴ βούλεται ὁ ἡμέτερος νόμος εὖ καὶ καλῶς βασανίζειν, καὶ τοῖς μὲν χαρίσασθαι, τοὺς δὲ διαφεύγειν. διὰ ταῦτα οὖν τοῖς μὲν διώκειν παρακελεύεται, τοῖς δὲ φεύγειν, ἀγωνοθετῶν καὶ βασανίζων ποτέρων ποτέ ἐστιν ὁ ἐρῶν καὶ ποτέρων ὁ ἐρώμενος· οὕτω δὴ ὑπὸ ταύτης τῆς αἰτίας πρῶτον μὲν τὸ ἁλίσκεσθαι ταχὺ αἰσχρὸν νενόμισται, ἵνα χρόνος ἐγγένηται, ὃς δὴ δοκεῖ τὰ πολλὰ καλῶς βασανίζειν, ἔπειτα τὸ ὑπὸ χρημάτων καὶ ὑπὸ πολιτ-

b   ικῶν δυνάμεων ἁλῶναι αἰσχρόν, ἐάν τε κακῶς πάσχων πτήξῃ καὶ μὴ καρτερήσῃ, ἄν τ' εὐεργετούμενος εἰς χρήματα ἢ εἰς διαπράξεις πολιτικὰς μὴ καταφρονήσῃ· οὐδὲν γὰρ δοκεῖ τούτων οὔτε βέβαιον οὔτε μόνιμον εἶναι, χωρὶς τοῦ μηδὲ πεφυκέναι ἀπ' αὐτῶν γενναίαν φιλίαν. μία δὴ λείπεται τῷ ἡμετέρῳ νόμῳ ὁδός, εἰ μέλλει καλῶς χαριεῖσθαι ἐραστῇ παιδικά. ἔστι γὰρ ἡμῖν νόμος, ὥσπερ ἐπὶ τοῖς ἐρασταῖς ἦν δουλεύειν ἐθέλοντα ἡντινοῦν δουλείαν παιδικοῖς μὴ

c   κολακείαν εἶναι μηδὲ ἐπονείδιστον, οὕτω δὴ καὶ ἄλλη μία μόνη δουλεία ἑκούσιος λείπεται οὐκ ἐπονείδιστος· αὕτη δ' ἐστὶν ἡ περὶ τὴν ἀρετήν. νενόμισται γὰρ δὴ ἡμῖν, ἐάν τις ἐθέλῃ τινὰ θεραπεύειν ἡγούμενος δι' ἐκεῖνον ἀμείνων ἔσεσθαι ἢ κατὰ σοφίαν τινὰ ἢ κατὰ ἄλλο ὁτιοῦν μέρος ἀρετῆς, αὕτη αὖ ἡ ἐθελοδουλεία οὐκ αἰσχρὰ εἶναι οὐδὲ κολακεία. δεῖ δὴ τὼ νόμω τούτω συμβαλεῖν εἰς ταὐτόν,

d   τόν τε περὶ τὴν παιδεραστίαν καὶ τὸν περὶ τὴν φιλοσοφίαν τε καὶ τὴν ἄλλην ἀρετήν, εἰ μέλλει συμβῆναι καλὸν γενέσθαι τὸ ἐραστῇ παιδικὰ χαρίσασθαι. ὅταν γὰρ εἰς τὸ αὐτὸ ἔλθωσιν ἐραστής τε καὶ παιδικά, νόμον ἔχων ἑκάτερος, ὁ μὲν χαρισαμένοις παιδικοῖς ὑπηρετῶν ὁτιοῦν δικαίως ἂν ὑπηρετεῖν, ὁ δὲ τῷ ποιοῦντι αὐτὸν σοφόν τε καὶ ἀγαθὸν δικαίως αὖ ὁτιοῦν ἂν ὑπουργῶν, καὶ ὁ μὲν δυνάμενος

e   εἰς φρόνησιν καὶ τὴν ἄλλην ἀρετὴν συμβάλλεσθαι, ὁ δὲ δεόμενος εἰς παίδευσιν καὶ τὴν ἄλλην σοφίαν κτᾶσθαι, τότε δή, τούτων συν-

the other hand, the man who loves a boy for his good character will stick to him for life, since he has attached himself to what is lasting.

Our customs are intended to test these lovers well and truly, and get the boys to satisfy the good ones, and avoid the bad. That's why we encourage lovers to chase after boys, but tell the boys not to be caught. In this way we set up a trial and a test, to see which category the lover comes in, and which category the boy he loves comes in. This explains a number of things – for instance, why it's thought wrong for a boy to let himself be caught too quickly. It is felt that some time should elapse, since time is a good test of most things. Also why it is wrong to be caught by means of money or political influence – whether it's a case of the boy being threatened, and yielding rather than holding out, or a case of being offered some financial or political inducement, and not turning it down. No affair of this kind is likely to be stable or secure, quite apart from the fact that it is no basis for true friendship.

There is just one way our customs leave it open for a boy to satisfy his lover, and not be blamed for it. It is permissible, as I have said, for a lover to enter upon any kind of voluntary slavery he may choose, and be the slave of the boy he loves. This is not regarded as self-seeking, or in any way demeaning. Similarly there is one other kind of voluntary slavery which is not regarded as demeaning. This is the slavery of the boy, in his desire for improvement. It can happen that a boy chooses to serve a man, because he thinks that by association with him he will improve in wisdom in some way, or in some other form of goodness. This kind of voluntary slavery, like the other, is widely held among us not to be wrong, and not to be self-seeking.

So it can only be regarded as right for a boy to satisfy his lover if both these conditions are satisfied – both the lover's behaviour, and

ιόντων εἰς ταὐτὸν τῶν νόμων, μοναχοῦ ἐνταῦθα συμπίπτει τὸ καλ-
ὸν εἶναι παιδικὰ ἐραστῇ χαρίσασθαι, ἄλλοθι δὲ οὐδαμοῦ. ἐπὶ τούτῳ
καὶ ἐξαπατηθῆναι οὐδὲν αἰσχρόν, ἐπὶ δὲ τοῖς ἄλλοις πᾶσι καὶ ἐξ-
απατωμένῳ αἰσχύνην φέρει καὶ μή. εἰ γάρ τις ἐραστῇ ὡς πλουσίῳ
185 πλούτου ἕνεκα χαρισάμενος ἐξαπατηθείη καὶ μὴ λάβοι χρήματα,
ἀναφανέντος τοῦ ἐραστοῦ πένητος, οὐδὲν ἧττον αἰσχρόν· δοκεῖ
γὰρ ὁ τοιοῦτος τό γε αὑτοῦ ἐπιδεῖξαι, ὅτι ἕνεκα χρημάτων ὁτιοῦν
ἂν ὁτῳοῦν ὑπηρετοῖ, τοῦτο δὲ οὐ καλόν. κατὰ τὸν αὐτὸν δὴ λόγον
κἂν εἴ τις ὡς ἀγαθῷ χαρισάμενος καὶ αὐτὸς ὡς ἀμείνων ἐσόμενος
διὰ τὴν φιλίαν ἐραστοῦ ἐξαπατηθείη, ἀναφανέντος ἐκείνου κακοῦ

b καὶ οὐ κεκτημένου ἀρετήν, ὅμως καλὴ ἡ ἀπάτη· δοκεῖ γὰρ αὖ καὶ
οὗτος τὸ καθ' αὑτὸν δεδηλωκέναι, ὅτι ἀρετῆς γ' ἕνεκα καὶ τοῦ
βελτίων γενέσθαι πᾶν ἂν παντὶ προθυμηθείη, τοῦτο δὲ αὖ πάντων
κάλλιστον· οὕτω πᾶν πάντως γε καλὸν
ἀρετῆς γ' ἕνεκα χαρίζεσθαι. οὗτός ἐστιν
ὁ τῆς οὐρανίας θεοῦ ἔρως καὶ οὐράνιος
καὶ πολλοῦ ἄξιος καὶ πόλει καὶ ἰδιώταις,
πολλὴν ἐπιμέλειαν ἀναγκάζων ποιεῖσθαι

c πρὸς ἀρετὴν τόν τε ἐρῶντα αὐτὸν αὑτοῦ καὶ τὸν ἐρώμενον· οἱ δ'
ἕτεροι πάντες τῆς ἑτέρας, τῆς πανδήμου. ταῦτά σοι, ἔφη, ὡς ἐκ
τοῦ παραχρῆμα, ὦ Φαῖδρε, περὶ Ἔρωτος συμβάλλομαι.
Παυσανίου δὲ παυσαμένου (διδάσκουσι γάρ με ἴσα λέγειν οὑτωσὶ
οἱ σοφοί) ἔφη ὁ Ἀριστόδημος δεῖν μὲν Ἀριστοφάνη λέγειν, τυχεῖν
δὲ αὐτῷ τινα ἢ ὑπὸ πλησμονῆς ἢ ὑπό τινος ἄλλου λύγγα ἐπιπεπτ-

d ωκυῖαν καὶ οὐχ οἷόν τε εἶναι λέγειν ἀλλ' εἰπεῖν αὐτόν (ἐν τῇ κάτω
γὰρ αὐτοῦ τὸν ἰατρὸν Ἐρυξίμαχον κατακεῖσθαι) Ὦ Ἐρυξίμαχε,
δίκαιος εἶ ἢ παῦσαί με τῆς λυγγὸς ἢ λέγειν ὑπὲρ ἐμοῦ, ἕως ἂν ἐγὼ

the boy's desire for wisdom and goodness. Then the lover and the boy have the same aim, and each has the approval of convention—the lover because he is justified in performing any service he chooses for a boy who satisfies him, the boy because he is justified in submitting, in any way he will, to the man who can make him wise and good. So if the lover has something to offer in the way of sound judgment and e

moral goodness, and if the boy is eager to accept this contribution to his education and growing wisdom, then, and only then, this favourable combination makes it right for a boy to satisfy his lover. In no other situation is it right.

Nor, in this situation, is there any disgrace in making a mistake, whereas in all other situations it is equally a disgrace to be mistaken or not. For example, suppose a boy satisfies his lover for money, tak- 185 ing him to be rich. If he gets it wrong, and doesn't get any money, because the lover turns out to be poor, it is still regarded as immoral, because the boy who does this seems to be revealing his true character, and declaring that he would do anything for anyone in return for money. And that is not a good way to behave. Equally, a boy may satisfy a man because he thinks he is a good man, and that he himself will become better through his friendship. If he gets it wrong, and his lover turns out to be a bad man, of little moral worth, still there is b something creditable about his mistake. He too seems to have revealed his true character—namely, that he is eager to do anything for anyone in return for goodness and self-improvement. And this is the finest of all qualities.

So it is absolutely correct for boys to satisfy their lovers, if it is done in pursuit of goodness. This is the love which comes from the heavenly goddess; it is itself heavenly, and of great value to state and

παύσωμαι. καὶ τὸν Ἐρυξίμαχον εἰπεῖν Ἀλλὰ ποιήσω ἀμφότερα ταῦ-
τα· ἐγὼ μὲν γὰρ ἐρῶ ἐν τῷ σῷ μέρει, σὺ δ' ἐπειδὰν παύσῃ, ἐν τῷ
ἐμῷ. ἐν ᾧ δ' ἂν ἐγὼ λέγω, ἐὰν μέν σοι ἐθέλῃ ἀπνευστὶ ἔχοντι πολὺν
χρόνον παύεσθαι ἡ λύγξ· εἰ δὲ μή, ὕδατι ἀνα-
κογχυλίασον. εἰ δ' ἄρα πάνυ ἰσχυρά ἐστιν,
ἀναλαβών τι τοιοῦτον οἵῳ κινήσαις ἂν τὴν
ῥῖνα, πτάρε· καὶ ἐὰν τοῦτο ποιήσῃς ἅπαξ
ἢ δίς, καὶ εἰ πάνυ ἰσχυρά ἐστι, παύσεται. Οὐκ
ἂν φθάνοις λέγων, φάναι τὸν Ἀριστοφάνη· ἐγὼ δὲ ταῦτα ποιήσω.

εἰπεῖν δὴ τὸν Ἐρυξίμαχον Δοκεῖ τοίνυν μοι ἀναγκαῖον εἶναι, ἐπειδὴ
Παυσανίας ὁρμήσας ἐπὶ τὸν λόγον καλῶς οὐχ ἱκανῶς ἀπετέλεσε,
δεῖν ἐμὲ πειρᾶσθαι τέλος ἐπιθεῖναι τῷ λόγῳ. τὸ μὲν γὰρ διπλοῦν
εἶναι τὸν Ἔρωτα δοκεῖ μοι καλῶς διελέσθαι· ὅτι δὲ οὐ μόνον ἐστὶν
ἐπὶ ταῖς ψυχαῖς τῶν ἀνθρώπων πρὸς τοὺς καλοὺς ἀλλὰ καὶ πρὸς
ἄλλα πολλὰ καὶ ἐν τοῖς ἄλλοις, τοῖς τε σώμασι τῶν πάντων ζῴων
καὶ τοῖς ἐν τῇ γῇ φυομένοις καὶ ὡς ἔπος εἰπεῖν ἐν πᾶσι τοῖς οὖσι,
καθεωρακέναι μοι δοκῶ ἐκ τῆς ἰατρικῆς, τῆς ἡμετέρας τέχνης, ὡς
μέγας καὶ θαυμαστὸς καὶ ἐπὶ πᾶν ὁ θεὸς τείνει καὶ κατ' ἀνθρώπινα
καὶ κατὰ θεῖα πράγματα. ἄρξομαι δὲ ἀπὸ τῆς ἰατρικῆς λέγων, ἵνα
καὶ πρεσβεύωμεν τὴν τέχνην. ἡ γὰρ φύσις τῶν σωμάτων τὸν διπ-
λοῦν Ἔρωτα τοῦτον ἔχει· τὸ γὰρ ὑγιὲς τοῦ σώματος καὶ τὸ νοσοῦν
ὁμολογουμένως ἕτερόν τε καὶ ἀνόμοιόν ἐστι, τὸ δὲ ἀνόμοιον ἀνομ-
οίων ἐπιθυμεῖ καὶ ἐρᾷ. ἄλλος μὲν οὖν ὁ ἐπὶ τῷ ὑγιεινῷ ἔρως, ἄλλος
δὲ ὁ ἐπὶ τῷ νοσώδει. ἔστιν δή, ὥσπερ ἄρτι Παυσανίας ἔλεγεν τοῖς
μὲν ἀγαθοῖς καλὸν χαρίζεσθαι τῶν ἀνθρώπων, τοῖς δ' ἀκολάστοις
αἰσχρόν, οὕτω καὶ ἐν αὐτοῖς τοῖς σώμασιν τοῖς μὲν ἀγαθοῖς ἑκάσ-
του τοῦ σώματος καὶ ὑγιεινοῖς καλὸν χαρίζεσθαι καὶ δεῖ, καὶ τοῦτό
ἐστιν ᾧ ὄνομα τὸ ἰατρικόν, τοῖς δὲ κακοῖς καὶ νοσώδεσιν αἰσχρόν
τε καὶ δεῖ ἀχαριστεῖν, εἰ μέλλει τις τεχνικὸς εἶναι. ἔστι γὰρ ἰατρική,

individual alike, since it compels both lover and boy to devote a lot of attention to their own moral improvement. All other sorts of love derive from the other goddess, the common one. c

Well, Phaedrus, that's the best I can offer, without preparation, on the subject of Eros.

Pausanias paused (sorry about the pun – sophistic influence). After that it was Aristophanes' turn to speak. But he had just got hiccups. I don't know if it was from eating too much, or for some other reason; anyway he was unable to make his speech. All he could say, since Eryximachus, the doctor, happened to be sitting just below d him, was this: 'Eryximachus, you're just the man. Either get rid of my hiccups, or speak instead of me until they stop.'

'I'll do both. I'll take your turn to speak, & when you get rid of your hiccups, you can take mine. While I'm speaking, try holding your breath for a long time, to see if they stop. Failing that, gargle with some water. And if they are very severe, tickle your nose and make yourself sneeze. Do that e once or twice, and they'll stop, however severe.'

'Will you please speak first, then?' said Aristophanes. 'And I'll do as you suggest.'

ERYXIMACHUS

Pausanias made an impressive start to his speech, but I do not think he brought it to a very satisfactory conclusion. So I think it is important that I should try to complete his account. His analysis of 186 the twofold nature of Eros seems to me to be a valuable distinction. But I cannot accept his implication that Eros is found only in human hearts, and is aroused only by human beauty. I am a doctor by profession, and it has been my observation, I would say, throughout my professional career, that Eros is aroused by many other things as well,

ὡς ἐν κεφαλαίῳ εἰπεῖν, ἐπιστήμη τῶν τοῦ σώματος ἐρωτικῶν πρὸς
πλησμονὴν καὶ κένωσιν, καὶ ὁ διαγιγνώσκων ἐν τούτοις τὸν καλόν

d τε καὶ αἰσχρὸν ἔρωτα, οὗτός ἐστιν ὁ ἰατρικώτατος· καὶ ὁ μετα-
βάλλειν ποιῶν, ὥστε ἀντὶ τοῦ ἑτέρου ἔρωτος τὸν ἕτερον κτᾶσθαι,
καὶ οἷς μὴ ἔνεστιν ἔρως, δεῖ δ' ἐγγενέσθαι, ἐπιστάμενος ἐμποιῆσαι
καὶ ἐνόντα ἐξελεῖν ἀγαθὸς ἂν εἴη δημιουργός. δεῖ γὰρ δὴ τὰ ἔχθ-
ιστα ὄντα ἐν τῷ σώματι φίλα οἷόν τ' εἶναι ποιεῖν καὶ ἐρᾶν ἀλλήλων.
ἔστι δὲ ἔχθιστα τὰ ἐναντιώτατα, ψυχρὸν θερμῷ, πικρὸν γλυκεῖ,

e ξηρὸν ὑγρῷ, πάντα τὰ τοιαῦτα· τούτοις ἐπιστηθεὶς ἔρωτα ἐμποι-
ῆσαι καὶ ὁμόνοιαν ὁ ἡμέτερος πρόγονος Ἀσκληπιός, ὥς φασιν
οἵδε οἱ ποιηταὶ καὶ ἐγὼ πείθομαι, συνέστησεν τὴν ἡμετέραν τέχνην.
ἥ τε οὖν ἰατρική, ὥσπερ λέγω, πᾶσα διὰ τοῦ θεοῦ τούτου κυβερν-

187 ᾶται, ὡσαύτως δὲ καὶ γυμναστικὴ καὶ γεωργία· μουσικὴ δὲ καὶ παντὶ
κατάδηλος τῷ καὶ σμικρὸν προσέχοντι τὸν νοῦν ὅτι κατὰ ταὐτὰ
ἔχει τούτοις, ὥσπερ ἴσως καὶ Ἡράκλειτος βούλεται λέγειν, ἐπεὶ
τοῖς γε ῥήμασιν οὐ καλῶς λέγει. τὸ ἓν γάρ φησι διαφερόμενον
αὐτὸ αὑτῷ συμφέρεσθαι ὥσπερ ἁρμονίαν τόξου τε καὶ
λύρας. ἔστι δὲ πολλὴ ἀλογία ἁρμονίαν φάναι διαφέρεσθαι ἢ ἐκ
διαφερομένων ἔτι εἶναι. ἀλλ' ἴσως τόδε ἐβούλετο λέγειν, ὅτι ἐκ δια-

b φερομένων πρότερον τοῦ ὀξέος καὶ βαρέος, ἔπειτα ὕστερον ὁμο-
λογησάντων γέγονεν ὑπὸ τῆς μουσικῆς τέχνης. οὐ γὰρ δήπου ἐκ
διαφερομένων γε ἔτι τοῦ ὀξέος καὶ βαρέος ἁρμονία ἂν εἴη. ἡ γὰρ

and that he is found also in nature – in the physical life of all animals, in plants that grow in the ground, and in virtually all living organisms. My conclusion is that he is great and awe-inspiring, this god, and that his influence is unbounded, both in the human realm and in the divine.

I will begin by talking about my medical experience, to show my respect for my profession. The nature of the human body shows this twofold Eros, since it is generally agreed that health and sickness in the body are separate and unalike, and that unlike is attracted to unlike, and desires it. So there is one force of attraction for the healthy, and another for the sick. Pausanias was talking just now about it being right to satisfy men, if they are good men, but wrong if all they are interested in is physical pleasure. It is just the same with the body. It is right to satisfy the good and healthy elements in the body, and one should do so. We call this 'medicine'. Conversely it is wrong to satisfy the bad, unhealthy elements, and anyone who is going to be a skilled doctor should deny these elements.

Medical knowledge is thus essentially knowledge of physical impulses or desires for ingestion or evacuation. In this, the man who can distinguish healthy desires from unhealthy is the best doctor. Moreover he needs the ability to change people's desires, so that they lose one and gain another. There are people who lack desires which they should have. If the doctor can produce these desires, and remove the existing ones, then he is a good doctor. He must, in fact, be able to reconcile and harmonise the most disparate elements in the body. By 'the most disparate' I mean those most opposed to one another—cold and hot, bitter and sweet, dry and wet, and so forth. It was by knowing how to produce mutual desire and harmony among these that our

ἁρμονία συμφωνία ἐστίν, συμφωνία δὲ ὁμολογία τις, ὁμολογίαν δὲ ἐκ διαφερομένων, ἕως ἂν διαφέρωνται, ἀδύνατον εἶναι, διαφερόμενον δὲ αὖ καὶ μὴ ὁμολογοῦν ἀδύνατον ἁρμόσαι, ὥσπερ γε καὶ

c ὁ ῥυθμὸς ἐκ τοῦ ταχέος καὶ βραδέος, ἐκ διενηνεγμένων πρότερον, ὕστερον δὲ ὁμολογησάντων γέγονε. τὴν δὲ ὁμολογίαν πᾶσι τούτοις, ὥσπερ ἐκεῖ ἡ ἰατρική, ἐνταῦθα ἡ μουσικὴ ἐντίθησιν, ἔρωτα καὶ ὁμόνοιαν ἀλλήλων ἐμποιήσασα· καί ἐστιν αὖ μουσικὴ περὶ ἁρμονίαν καὶ ῥυθμὸν ἐρωτικῶν ἐπιστήμη. καὶ ἐν μέν γε αὐτῇ τῇ συστάσει ἁρμονίας τε καὶ ῥυθμοῦ οὐδὲν χαλεπὸν τὰ ἐρωτικὰ διαγιγνώσκειν, οὐδὲ ὁ διπλοῦς ἔρως ἐνταῦθά πω ἐστίν· ἀλλ' ἐπειδὰν δέῃ πρὸς

d τοὺς ἀνθρώπους καταχρῆσθαι ῥυθμῷ τε καὶ ἁρμονίᾳ ἢ ποιοῦντα, ὃ δὴ μελοποιίαν καλοῦσιν, ἢ χρώμενον ὀρθῶς τοῖς πεποιημένοις μέλεσί τε καὶ μέτροις, ὃ δὴ παιδεία ἐκλήθη, ἐνταῦθα δὴ καὶ χαλεπὸν καὶ ἀγαθοῦ δημιουργοῦ δεῖ. πάλιν γὰρ ἥκει ὁ αὐτὸς λόγος, ὅτι τοῖς μὲν κοσμίοις τῶν ἀνθρώπων, καὶ ὡς ἂν κοσμιώτεροι γίγνοιντο οἱ μήπω ὄντες, δεῖ χαρίζεσθαι καὶ φυλάττειν τὸν τούτων ἔρωτα, καὶ οὗτός ἐστιν ὁ καλός, ὁ οὐράνιος, ὁ τῆς Οὐρανίας

e μούσης Ἔρως· ὁ δὲ Πολυμνίας, ὁ πάνδημος, ὃν δεῖ εὐλαβούμενον προσφέρειν οἷς ἂν προσφέρῃ, ὅπως ἂν τὴν μὲν ἡδονὴν αὐτοῦ καρπώσηται, ἀκολασίαν δὲ μηδεμίαν ἐμποιήσῃ, ὥσπερ ἐν τῇ ἡμετέρᾳ τέχνῃ μέγα ἔργον ταῖς περὶ τὴν ὀψοποιικὴν τέχνην ἐπιθυμίαις καλῶς χρῆσθαι, ὥστ' ἄνευ νόσου τὴν ἡδονὴν καρπώσασθαι. καὶ ἐν μουσικῇ δὴ καὶ ἐν ἰατρικῇ καὶ ἐν τοῖς ἄλλοις πᾶσι καὶ τοῖς ἀνθρωπείοις καὶ τοῖς θείοις, καθ' ὅσον παρείκει, φυλακτέον ἑκάτερον

188 τὸν Ἔρωτα· ἔνεστον γάρ. ἐπεὶ καὶ ἡ τῶν ὡρῶν τοῦ ἐνιαυτοῦ σύστασις μεστή ἐστιν ἀμφοτέρων τούτων, καὶ ἐπειδὰν μὲν πρὸς ἄλληλα τοῦ κοσμίου τύχῃ ἔρωτος ἃ νυνδὴ ἐγὼ ἔλεγον, τά τε θερμὰ καὶ τὰ ψυχρὰ καὶ ξηρὰ καὶ ὑγρά, καὶ ἁρμονίαν καὶ κρᾶσιν λάβῃ σώφρονα, ἥκει φέροντα εὐετηρίαν τε καὶ ὑγίειαν ἀνθρώποις καὶ τοῖς ἄλλοις ζῴοις τε καὶ φυτοῖς, καὶ οὐδὲν ἠδίκησεν· ὅταν δὲ ὁ

forerunner Asclepius, as the poets say (and I believe) established this art of ours.

Medicine, then, as I say, is completely governed by this god. Likewise physical training, and farming. Music too is no exception, as must be clear to anyone who gives the matter a moment's thought. Perhaps that is what Heraclitus means, though he does not actually express it very clearly, when he says that 'the One' is 'in conflict and harmony with itself', 'like the stringing of a bow or lyre'. Clearly there is a contradiction in saying that a harmony is in conflict, or is composed of conflicting elements. Perhaps what he meant was that, starting from initially discordant high and low notes, the harmony is only created when these are brought into agreement by the skill of the musician. Clearly there could be no harmony between high and low, if they were still in conflict. For harmony is a consonance, and conconance is a kind of agreement. Thus it is impossible that there should be a harmony of conflicting elements, in which those elements still conflict, nor can one harmonise what is different, and incapable of agreement. Or take rhythm as another example; it arises out of the conflict of quick and slow, but only when they cease to conflict. Here it is the art of music which imposes harmony on all the elements, by producing mutual attraction and agreement between them, whereas in the body it is the art of medicine. So music, again, is a knowledge of Eros applied to harmony and rhythm.

In the actual formation of harmony and rhythm it is a simple matter to detect the hand of Eros, which at this stage is not the twofold Eros. It is altogether more complicated when we come to apply rhythm and harmony to human activity, either to the making of music, which we call composing, or to the correct use of melody and tempo in what we call education. This really does demand a high degree of skill. And the same argument again holds good, that one

μετὰ τῆς ὕβρεως Ἔρως ἐγκρατέστερος περὶ τὰς τοῦ ἐνιαυτοῦ ὥρας γένηται, διέφθειρέν τε πολλὰ καὶ ἠδίκησεν. οἵ τε γὰρ λοιμοὶ

b φιλοῦσι γίγνεσθαι ἐκ τῶν τοιούτων καὶ ἄλλα ἀνόμοια πολλὰ νοσή-
ματα καὶ τοῖς θηρίοις καὶ τοῖς φυτοῖς· καὶ γὰρ πάχναι καὶ χάλαζαι
καὶ ἐρυσῖβαι ἐκ πλεονεξίας καὶ ἀκοσμίας περὶ ἄλληλα τῶν τοιού-
των γίγνεται ἐρωτικῶν, ὧν ἐπιστήμη περὶ ἄστρων τε φορὰς καὶ
ἐνιαυτῶν ὥρας ἀστρονομία καλεῖται. ἔτι τοίνυν καὶ αἱ θυσίαι πᾶσαι
καὶ οἷς μαντικὴ ἐπιστατεῖ — ταῦτα δ' ἐστὶν ἡ περὶ θεούς τε καὶ ἀν-
c θρώπους πρὸς ἀλλήλους κοινωνία — οὐ περὶ ἄλλο τί ἐστιν ἢ περὶ
Ἔρωτος φυλακήν τε καὶ ἴασιν. πᾶσα γὰρ ἀσέβεια φιλεῖ γίγνεσθαι
ἐὰν μή τις τῷ κοσμίῳ Ἔρωτι χαρίζηται μηδὲ τιμᾷ τε αὐτὸν καὶ
πρεσβεύῃ ἐν παντὶ ἔργῳ, ἀλλὰ τὸν ἕτερον, καὶ περὶ γονέας καὶ
ζῶντας καὶ τετελευτηκότας καὶ περὶ θεούς· ἃ δὴ προστέτακται
τῇ μαντικῇ ἐπισκοπεῖν τοὺς ἐρῶντας καὶ ἰατρεύειν, καὶ ἔστιν αὖ
d ἡ μαντικὴ φιλίας θεῶν καὶ ἀνθρώπων δημιουργὸς τῷ ἐπίστασθαι
τὰ κατὰ ἀνθρώπους ἐρωτικά, ὅσα τείνει πρὸς θέμιν καὶ εὐσέβ-
ειαν.

οὕτω πολλὴν καὶ μεγάλην, μᾶλλον δὲ πᾶσαν δύναμιν ἔχει συλ-
λήβδην μὲν ὁ πᾶς Ἔρως, ὁ δὲ περὶ τἀγαθὰ μετὰ σωφροσύνης καὶ
δικαιοσύνης ἀποτελούμενος καὶ παρ' ἡμῖν καὶ παρὰ θεοῖς, οὗτος
τὴν μεγίστην δύναμιν ἔχει καὶ πᾶσαν ἡμῖν εὐδαιμονίαν παρασκευ-
άζει καὶ ἀλλήλοις δυναμένους ὁμιλεῖν καὶ φίλους εἶναι καὶ τοῖς
κρείττοσιν ἡμῶν θεοῖς. ἴσως μὲν οὖν καὶ ἐγὼ τὸν Ἔρωτα ἐπαινῶν

should satisfy the most well-ordered people, in the interests of those as yet less well-ordered; one should pay due regard to their desires, which are in fact the good, heavenly Eros, companion of the heavenly muse, Ourania. Common Eros, by contrast, goes with the common muse, Polymnia. The greatest caution is called for in its employment, **e** if one is to gain enjoyment from it without encouraging pure self-indulgence. Similarly, in my profession, there is a great art in the correct treatment of people's desire for rich food, so that they can enjoy it without ill effects.

Thus in music and medicine, and in all other spheres of activity, human and divine, we must keep a careful eye, so far as is practicable, on both forms of Eros. For both are present. The seasons of the year **188** likewise fully illustrate their joint operation. When all the things I was talking about just now (such as hot and cold, wet and dry) hit upon the right Eros in their relation to one another, and consequently form the right sort of mixture and harmony, then they bring what is seasonable and healthy, to men and to the rest of the world of animals and plants; and all is as it should be. But when the other Eros, in violence and excess, takes over in the natural seasons of the year, it does all sorts of damage, and upsets the natural order. When that happens the result, generally, is plague and a variety of diseases – for animals **b** and plants alike. Frost, hail and mildew are the result of this kind of competition and disorder involving Eros. Knowledge of Eros in connection with the movements of the stars and the seasons of the year is called astronomy.

Then again, all sacrifices, and everything which comes under the direction of the prophetic arts (that is to say, the whole relationship of gods and men to one another), have as their sole concern the obser- **c** vance and correct treatment of Eros. If, in their behaviour towards

e   πολλὰ παραλείπω, οὐ μέντοι ἑκών γε. ἀλλ' εἴ τι ἐξέλιπον, σὸν ἔργ-
    ον, ὦ Ἀριστόφανες, ἀναπληρῶσαι· ἢ εἴ πως ἄλλως ἐν νῷ ἔχεις ἐγ-
    κωμιάζειν τὸν θεόν, ἐγκωμίαζε, ἐπειδὴ καὶ τῆς λυγγὸς πέπαυσαι.

189 ἐκδεξάμενον οὖν ἔφη εἰπεῖν τὸν Ἀριστοφάνη ὅτι Καὶ μάλ' ἐπαύσ-
    ατο, οὐ μέντοι πρίν γε τὸν πταρμὸν προσενεχθῆναι αὐτῇ, ὥστε με
    θαυμάζειν εἰ τὸ κόσμιον τοῦ σώματος ἐπιθυμεῖ τοιούτων ψόφων
    καὶ γαργαλισμῶν, οἷον καὶ ὁ πταρμός ἐστιν· πάνυ γὰρ εὐθὺς ἐπαύ-
    σατο, ἐπειδὴ αὐτῷ τὸν πταρμὸν προσήνεγκα.
      καὶ τὸν Ἐρυξίμαχον, Ὠγαθέ, φάναι, Ἀριστόφανες, ὅρα τί ποιεῖς.
    γελωτοποιεῖς μέλλων λέγειν, καὶ φύλακά με τοῦ λόγου ἀναγκάζ-
b   εις γίγνεσθαι τοῦ σεαυτοῦ, ἐάν τι γελοῖον εἴπῃς, ἐξόν σοι ἐν εἰρήνῃ
    λέγειν.
      καὶ τὸν Ἀριστοφάνη γελάσαντα εἰπεῖν Εὖ λέγεις, ὦ Ἐρυξίμαχε,
    καί μοι ἔστω ἄρρητα τὰ εἰρημένα. ἀλλὰ μή με φύλαττε, ὡς ἐγὼ
    φοβοῦμαι περὶ τῶν μελλόντων ῥηθήσεσθαι, οὔ τι μὴ γελοῖα εἴπω
    — τοῦτο μὲν γὰρ ἂν κέρδος εἴη καὶ τῆς ἡμετέρας μούσης ἐπιχώρ-
    ιον — ἀλλὰ μὴ καταγέλαστα.
      Βαλών γε, φάναι, ὦ Ἀριστόφανες, οἴει ἐκφεύξεσθαι· ἀλλὰ πρόσεχε
c   τὸν νοῦν καὶ οὕτως λέγε ὡς δώσων λόγον. ἴσως μέντοι, ἂν δόξῃ
    μοι, ἀφήσω σε.

their parents, the living and the dead, or the gods, people stop satisfying the good, well-ordered Eros, if they stop honouring him and consulting him in every enterprise, and start to follow the other Eros, then the result is all kinds of wickedness. So the prophetic arts have to keep an eye on, and treat, the two forms of Eros. Their knowledge of Eros in human affairs, the Eros who is conducive to piety and cor- rect observance, makes them the architects of friendship between gods and men.

So great and widespread – in fact, universal – is the power possessed, in general by all Eros, but in particular by the Eros which, in the moral sphere, acts with good sense and justice both among us and among the gods. And not only does it possess absolute power; it also brings us complete happiness, enabling us to be companions and friends both of each other and of our superiors, the gods.

Well, I too may have left a lot out in my praise of Eros, but I have not done so deliberately. And if I have left anything out, it is up to you, Aristophanes, to fill the gap. Or if you intend to praise the god in some other way, go ahead and do that, now that you have got rid of your hiccups.

Aristophanes: Yes, they've stopped, but not without resort to the sneezing treatment. I wondered if it was the 'well-ordered' part of my body which demanded all the noise and tickling involved in sneezing. Certainly the hiccups stopped the moment I tried sneezing.
Eryximachus: Careful, my dear friend. You haven't started yet, and already you're playing the fool. You'll force me to act as censor for your speech, if you start fooling around as soon as you get a chance to speak in peace.
Aristophanes (laughing): Fair enough, Eryximachus. Regard my remarks so far as unsaid. But don't be too censorious. I'm worried

Καὶ μήν, ὦ Ἐρυξίμαχε, εἰπεῖν τὸν Ἀριστοφάνη, ἄλλη γέ πη ἐν νῷ
ἔχω λέγειν ἢ ᾗ σύ τε καὶ Παυσανίας εἰπέτην. ἐμοὶ γὰρ δοκοῦσιν
ἄνθρωποι παντάπασι τὴν τοῦ ἔρωτος δύναμιν οὐκ ᾐσθῆσθαι, ἐπεὶ
αἰσθανόμενοί γε μέγιστ᾽ ἂν αὐτοῦ ἱερὰ κατασκευάσαι καὶ βωμούς,
καὶ θυσίας ἂν ποιεῖν μεγίστας, οὐχ ὥσπερ νῦν τούτων οὐδὲν γίγν-
εται περὶ αὐτόν, δέον πάντων μάλιστα γίγνεσθαι. ἔστι γὰρ θεῶν

d φιλανθρωπότατος, ἐπίκουρός τε ὢν τῶν ἀνθρώπων καὶ ἰατρὸς
τούτων ὧν ἰαθέντων μεγίστη εὐδαιμονία ἂν τῷ ἀνθρωπείῳ γένει
εἴη. ἐγὼ οὖν πειράσομαι ὑμῖν εἰσηγήσασθαι τὴν δύναμιν αὐτοῦ,
ὑμεῖς δὲ τῶν ἄλλων διδάσκαλοι ἔσεσθε. δεῖ δὲ πρῶτον ὑμᾶς μαθ-
εῖν τὴν ἀνθρωπίνην φύσιν καὶ τὰ παθήματα αὐτῆς. ἡ γὰρ πάλαι
ἡμῶν φύσις οὐχ αὑτὴ ἦν ἥπερ νῦν, ἀλλ᾽ ἀλλοία. πρῶτον μὲν γὰρ
τρία ἦν τὰ γένη τὰ τῶν ἀνθρώπων, οὐχ ὥσπερ νῦν δύο, ἄρρεν καὶ

e θῆλυ, ἀλλὰ καὶ τρίτον προσῆν κοινὸν ὂν ἀμφοτέρων τούτων, οὗ
νῦν ὄνομα λοιπόν, αὐτὸ δὲ ἠφάνισται· ἀνδρόγυνον γὰρ ἓν τότε
μὲν ἦν καὶ εἶδος καὶ ὄνομα ἐξ ἀμφοτέρων κοινὸν τοῦ τε ἄρρενος
καὶ θήλεος, νῦν δὲ οὐκ ἔστιν ἀλλ᾽ ἢ ἐν ὀνείδει ὄνομα κείμενον. ἔπει-
τα ὅλον ἦν ἑκάστου τοῦ ἀνθρώπου τὸ εἶδος στρογγύλον, νῶτον
καὶ πλευρὰς κύκλῳ ἔχον, χεῖρας δὲ τέτταρας εἶχε, καὶ σκέλη τὰ

190 ἴσα ταῖς χερσίν, καὶ πρόσωπα δύ᾽ ἐπ᾽ αὐχένι κυκλοτερεῖ, ὅμοια
πάντη, κεφαλὴν δ᾽ ἐπ᾽ ἀμφοτέροις τοῖς προσώποις ἐναντίοις κει-
μένοις μίαν, καὶ ὦτα τέτταρα, καὶ αἰδοῖα δύο, καὶ τἆλλα πάντα
ὡς ἀπὸ τούτων ἄν τις εἰκάσειεν. ἐπορεύετο δὲ καὶ ὀρθὸν ὥσπερ
νῦν, ὁποτέρωσε βουληθείη· καὶ ὁπότε ταχὺ ὁρμήσειεν θεῖν, ὥσπερ

enough already about what I'm going to say – not that it may arouse laughter (after all, there would be some point in that, and it would be appropriate to my profession), but that it may be laughed out of court.

Eryximachus: Aristophanes, you're trying to eat your cake and have it. Come on, concentrate. You'll have to justify what you say, but perhaps, if I see fit, I will acquit you.   c

ARISTOPHANES

Well, Eryximachus, I do intend to make a rather different kind of speech from the kind you and Pausanias made. It's my opinion that mankind is quite unaware of the power of Eros. If they were aware of it, they would build vast temples and altars to him, and make great offerings to him. As it is, though it is of crucial importance that this observance should be paid to him, none of these things is done.

Of all the gods, Eros is the most friendly towards men. He is our helper, and cures those evils whose cure brings the greatest happiness   d to the human race. I'll try to explain his power to you, and then you can go off and spread the word to others.

First of all you need to know about human nature and what has happened to it. Our original nature was not as it is now, but quite different. For one thing there were three sexes, rather than the two (male and female) we have now. The third sex was a combination of these   e two. Its name has survived, though the phenomenon itself has disappeared. This single combination, comprising both male and female, was, in form and name alike, hermaphrodite. Now it survives only as a term of abuse.

Secondly, each human being formed a complete whole, spherical, with back and ribs forming a circle. They had four hands, four legs, and two faces, identical in every way, on a circular neck. They

οἱ κυβιστῶντες καὶ εἰς ὀρθὸν τὰ σκέλη περιφερόμενοι κυβιστῶσι κύκλῳ, ὀκτὼ τότε οὖσι τοῖς μέλεσιν ἀπερειδόμενοι ταχὺ ἐφέροντο

b κύκλῳ. ἦν δὲ διὰ ταῦτα τρία τὰ γένη καὶ τοιαῦτα, ὅτι τὸ μὲν ἄρρεν ἦν τοῦ ἡλίου τὴν ἀρχὴν ἔκγονον, τὸ δὲ θῆλυ τῆς γῆς, τὸ δὲ ἀμφο-τέρων μετέχον τῆς σελήνης, ὅτι καὶ ἡ σελήνη ἀμφοτέρων μετέχει· περιφερῆ δὲ δὴ ἦν καὶ αὐτὰ καὶ ἡ πορεία αὐτῶν διὰ τὸ τοῖς γον-εῦσιν ὅμοια εἶναι. ἦν οὖν τὴν ἰσχὺν δεινὰ καὶ τὴν ῥώμην, καὶ τὰ φρονήματα μεγάλα εἶχον, ἐπεχείρησαν δὲ τοῖς θεοῖς, καὶ ὃ λέγει Ὅμηρος περὶ Ἐφιάλτου τε καὶ Ὤτου, περὶ ἐκείνων λέγεται, τὸ εἰς τὸν οὐρανὸν ἀνάβασιν ἐπιχειρεῖν ποιεῖν, ὡς ἐπιθησομένων τοῖς

c θεοῖς. ὁ οὖν Ζεὺς καὶ οἱ ἄλλοι θεοὶ ἐβουλεύοντο ὅτι χρὴ αὐτοὺς ποιῆσαι, καὶ ἠπόρουν· οὔτε γὰρ ὅπως ἀποκτείναιεν εἶχον καὶ ὥσ-περ τοὺς γίγαντας κεραυνώσαντες τὸ γένος ἀφανίσαιεν (αἱ τιμαὶ γὰρ αὐτοῖς καὶ ἱερὰ τὰ παρὰ τῶν ἀνθρώπων ἠφανίζετο) οὔτε ὅπ-ως ἐῷεν ἀσελγαίνειν. μόγις δὴ ὁ Ζεὺς ἐννοήσας λέγει ὅτι Δοκῶ μοι, ἔφη, ἔχειν μηχανήν, ὡς ἂν εἶέν τε ἄνθρωποι καὶ παύσαιντο τῆς

d ἀκολασίας ἀσθενέστεροι γενόμενοι. νῦν μὲν γὰρ αὐτούς, ἔφη, δια-τεμῶ δίχα ἕκαστον, καὶ ἅμα μὲν ἀσθενέστεροι ἔσονται, ἅμα δὲ χρησιμώτεροι ἡμῖν διὰ τὸ πλείους τὸν ἀριθμὸν γεγονέναι· καὶ βαδι-οῦνται ὀρθοὶ ἐπὶ δυοῖν σκελοῖν. ἐὰν δ' ἔτι δοκῶσιν ἀσελγαίνειν καὶ μὴ 'θέλωσιν ἡσυχίαν ἄγειν, πάλιν αὖ, ἔφη, τεμῶ δίχα, ὥστ' ἐφ' ἑνὸς πορεύσονται σκέλους ἀσκωλιάζοντες. ταῦτα εἰπὼν ἔτεμνε τοὺς ἀνθρώπους δίχα, ὥσπερ οἱ τὰ ὄα τέμνοντες καὶ μέλλοντες ταρι-

e χεύειν, ἢ ὥσπερ οἱ τὰ ᾠὰ ταῖς θριξίν· ὅντινα δὲ τέμοι, τὸν Ἀπόλλω ἐκέλευεν τό τε πρόσωπον μεταστρέφειν καὶ τὸ τοῦ αὐχένος ἥμισυ πρὸς τὴν τομήν, ἵνα θεώμενος τὴν αὑτοῦ τμῆσιν κοσμιώτερος εἴη ὁ ἄνθρωπος, καὶ τἆλλα ἰᾶσθαι ἐκέλευεν. ὁ δὲ τό τε πρόσωπον μετ-έστρεφε, καὶ συνέλκων πανταχόθεν τὸ δέρμα ἐπὶ τὴν γαστέρα νῦν καλουμένην, ὥσπερ τὰ σύσπαστα βαλλάντια, ἓν στόμα ποιῶν ἀπ-έδει κατὰ μέσην τὴν γαστέρα, ὃ δὴ τὸν ὀμφαλὸν καλοῦσι. καὶ τὰς

had a single head for the two faces, which looked in opposite direc-
tions; four ears, two sets of genitals, and everything else as you'd ex-
pect from the description so far. They walked upright, as we do, in
whichever direction they wanted. And when they started to run fast,
they were just like people doing cartwheels. They stuck their legs
straight out all round, and went bowling along, supported on their
eight limbs, and rolling along at high speed.

The reason for having three sexes, and of this kind, was this: the
male was originally the offspring of the sun, the female of the earth, b
and the one which was half-and-half was the offspring of the moon,
because the moon likewise is half-sun and half-earth. They were circu-
lar, both in themselves and in their motion, because of their similarity
to their parents. They were remarkable for their strength and vigour,
and their ambition led them to make an assault upon the gods. The
story which Homer tells of the giants, Ephialtes and Otus, is told of
them – that they tried to make a way up to heaven, to attack the gods. c
Zeus and the other gods wondered what to do about them, and
couldn't decide. They couldn't kill them, as they had the giants –
striking them with thunderbolts and doing away with the whole race
– because the worship and sacrifices they received from men would
have been done away with as well. On the other hand, they couldn't
go on allowing them to behave so outrageously.

In the end Zeus, after long and painful thought, came up with a
suggestion. 'I think I have an idea. Men could go on existing, but be-
have less disgracefully, if we made them weaker. I'm going to cut each
of them in two. This will have two advantages: it will make them d
weaker, and also more useful to us, because of the increase in their
numbers. They will walk upright, on two legs. And if it's clear they
still can't behave, and they refuse to lead a quiet life, I'll cut them in
half again and they can go hopping along on one leg.'

μὲν ἄλλας ῥυτίδας τὰς πολλὰς ἐξελέαινε καὶ τὰ στήθη διήρθρου,
ἔχων τι τοιοῦτον ὄργανον οἷον οἱ σκυτοτόμοι περὶ τὸν καλάποδα
λεαίνοντες τὰς τῶν σκυτῶν ῥυτίδας· ὀλίγας δὲ κατέλιπε, τὰς περὶ
αὐτὴν τὴν γαστέρα καὶ τὸν ὀμφαλόν, μνημεῖον εἶναι τοῦ παλαιοῦ
πάθους. ἐπειδὴ οὖν ἡ φύσις δίχα ἐτμήθη, ποθοῦν ἕκαστον τὸ ἥμισυ
τὸ αὑτοῦ συνήει, καὶ περιβάλλοντες τὰς χεῖρας καὶ συμπλεκόμενοι
ἀλλήλοις, ἐπιθυμοῦντες συμφῦναι, ἀπέθνησκον ὑπὸ λιμοῦ καὶ τῆς

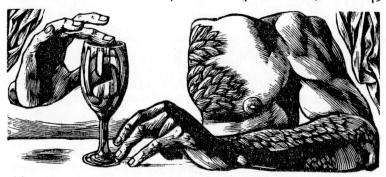

ἄλλης ἀργίας διὰ τὸ μηδὲν ἐθέλειν χωρὶς ἀλλήλων ποιεῖν. καὶ ὁ-
b πότε τι ἀποθάνοι τῶν ἡμίσεων, τὸ δὲ λειφθείη, τὸ λειφθὲν ἄλλο
ἐζήτει καὶ συνεπλέκετο, εἴτε γυναικὸς τῆς ὅλης ἐντύχοι ἡμίσει, ὃ δὴ
νῦν γυναῖκα καλοῦμεν, εἴτε ἀνδρός· καὶ οὕτως ἀπώλλυντο. ἐλεήσ-
ας δὲ ὁ Ζεὺς ἄλλην μηχανὴν πορίζεται, καὶ μετατίθησιν αὐτῶν τὰ
αἰδοῖα εἰς τὸ πρόσθεν. τέως γὰρ καὶ ταῦτα ἐκτὸς εἶχον, καὶ ἐγένν-
c ων καὶ ἔτικτον οὐκ εἰς ἀλλήλους ἀλλ' εἰς γῆν, ὥσπερ οἱ τέττιγες.
μετέθηκέ τε οὖν οὕτω αὐτῶν εἰς τὸ πρόσθεν καὶ διὰ τούτων τὴν
γένεσιν ἐν ἀλλήλοις ἐποίησεν, διὰ τοῦ ἄρρενος ἐν τῷ θήλει, τῶνδε
ἕνεκα, ἵνα ἐν τῇ συμπλοκῇ ἅμα μὲν εἰ ἀνὴρ γυναικὶ ἐντύχοι, γενν-
ῷεν καὶ γίγνοιτο τὸ γένος, ἅμα δ' εἰ καὶ ἄρρην ἄρρενι, πλησμονὴ
γοῦν γίγνοιτο τῆς συνουσίας καὶ διαπαύοιντο καὶ ἐπὶ τὰ ἔργα
τρέποιντο καὶ τοῦ ἄλλου βίου ἐπιμελοῖντο. ἔστι δὴ οὖν ἐκ τόσου
d ὁ ἔρως ἔμφυτος ἀλλήλων τοῖς ἀνθρώποις καὶ τῆς ἀρχαίας φύσ-
εως συναγωγεὺς καὶ ἐπιχειρῶν ποιῆσαι ἓν ἐκ δυοῖν καὶ ἰάσασθαι

That was his plan. So he started cutting them in two, like some-
one slicing vegetables for pickling, or slicing eggs with a wire. And   e
each time he chopped one up, he told Apollo to turn the face and the
half-neck round towards the cut side (so that the man could see where
he'd been split, and be better behaved in future), and then to heal the
rest of the wound. So Apollo twisted the faces round and gathered
up the skin all round to what is now called the stomach, like a purse
with strings. He made a single outlet, and tied it all up securely in the
middle of the stomach; this we now call the navel. He smoothed out   191
most of the wrinkles, and formed the chest, using a tool such as cobb-
lers use for smoothing out wrinkles in a hide stretched over a last.
He left a few wrinkles, however, those around the stomach itself and
the navel, as a reminder of what happened in those far-off days.

When man's natural form was split in two, each half went round
looking for its other half. They put their arms round one another, and
embraced each other, in their desire to grow together again. They
started dying of hunger, and also from lethargy, because they refused   b
to do anything separately. And whenever one half died, and the other
was left, the survivor began to look for another, and twined itself
about it, either encountering half of a complete woman (i.e. what we
now call a woman) or half a complete man. In this way they kept on
dying.

Zeus felt sorry for them, and thought of a second plan. He
moved their genitals to the front – up till then they had had them on
the outside, and had reproduced, not by copulation, but by dis-   c
charge on to the ground, like grasshoppers. So, as I say, he moved
their genitals to the front, and made them use them for reproduction
by insemination, the male in the female. The idea was that if, in em-
bracing, a man chanced upon a woman, they could produce children,
and the race would increase. If man chanced upon man, they could

τὴν φύσιν τὴν ἀνθρωπίνην. ἕκαστος οὖν ἡμῶν ἐστιν ἀνθρώπου σύμβολον, ἅτε τετμημένος ὥσπερ αἱ ψῆτται, ἐξ ἑνὸς δύο· ζητεῖ δὴ ἀεὶ τὸ αὑτοῦ ἕκαστος σύμβολον. ὅσοι μὲν οὖν τῶν ἀνδρῶν τοῦ κοινοῦ τμῆμά εἰσιν, ὃ δὴ τότε ἀνδρόγυνον ἐκαλεῖτο, φιλογύναικές τε εἰσὶ καὶ οἱ πολλοὶ τῶν μοιχῶν ἐκ τούτου τοῦ γένους γεγόνασιν,

e καὶ ὅσαι αὖ γυναῖκες φίλανδροί τε καὶ μοιχεύτριαι ἐκ τούτου τοῦ γένους γίγνονται. ὅσαι δὲ τῶν γυναικῶν γυναικὸς τμῆμά εἰσιν, οὐ πάνυ αὗται τοῖς ἀνδράσι τὸν νοῦν προσέχουσιν, ἀλλὰ μᾶλλον πρὸς τὰς γυναῖκας τετραμμέναι εἰσί, καὶ αἱ ἑταιρίστριαι ἐκ τούτου τοῦ γένους γίγνονται. ὅσοι δὲ ἄρρενος τμῆμά εἰσι, τὰ ἄρρενα διώκουσι, καὶ τέως μὲν ἂν παῖδες ὦσιν, ἅτε τεμάχια ὄντα τοῦ ἄρρενος, φιλοῦσι τοὺς ἄνδρας καὶ χαίρουσι συγκατακείμενοι καὶ

192 συμπεπλεγμένοι τοῖς ἀνδράσι, καί εἰσιν οὗτοι βέλτιστοι τῶν παίδων καὶ μειρακίων, ἅτε ἀνδρειότατοι ὄντες φύσει. φασὶ δὲ δή τινες αὐτοὺς ἀναισχύντους εἶναι, ψευδόμενοι· οὐ γὰρ ὑπ' ἀναισχυντίας τοῦτο δρῶσιν ἀλλ' ὑπὸ θάρρους καὶ ἀνδρείας καὶ ἀρρενωπίας, τὸ ὅμοιον αὑτοῖς ἀσπαζόμενοι. μέγα δὲ τεκμήριον· καὶ γὰρ τελεωθέντες μόνοι ἀποβαίνουσιν εἰς τὰ πολιτικὰ ἄνδρες οἱ τοιοῦτοι. ἐπειδ-

b ὰν δὲ ἀνδρωθῶσι, παιδεραστοῦσι καὶ πρὸς γάμους καὶ παιδοποιίας οὐ προσέχουσι τὸν νοῦν φύσει, ἀλλ' ὑπὸ τοῦ νόμου ἀναγκάζονται· ἀλλ' ἐξαρκεῖ αὐτοῖς μετ' ἀλλήλων καταζῆν ἀγάμοις. πάντως μὲν οὖν ὁ τοιοῦτος παιδεραστής τε καὶ φιλεραστὴς γίγνεται, ἀεὶ τὸ συγγενὲς ἀσπαζόμενος. ὅταν μὲν οὖν καὶ αὐτῷ ἐκείνῳ ἐντύχῃ τῷ αὑτοῦ ἡμίσει καὶ ὁ παιδεραστὴς καὶ ἄλλος πᾶς, τότε καὶ θαυμασ-

c τὰ ἐκπλήττονται φιλίᾳ τε καὶ οἰκειότητι καὶ ἔρωτι, οὐκ ἐθέλοντες ὡς ἔπος εἰπεῖν χωρίζεσθαι ἀλλήλων οὐδὲ σμικρὸν χρόνον. καὶ οἱ διατελοῦντες μετ' ἀλλήλων διὰ βίου οὗτοί εἰσιν, οἳ οὐδ' ἂν ἔχοιεν εἰπεῖν ὅτι βούλονται σφίσι παρ' ἀλλήλων γίγνεσθαι. οὐδενὶ γὰρ ἂν δόξειεν τοῦτ' εἶναι ἡ τῶν ἀφροδισίων συνουσία, ὡς ἄρα τούτου ἕνεκα ἕτερος ἑτέρῳ χαίρει συνὼν οὕτως ἐπὶ μεγάλης σπουδῆς·

get full satisfaction from one another's company, then separate, get on with their work, and resume the business of life.

That is why we have this innate love of one another. It brings us back to our original state, trying to reunite us and restore us to our true human form. Each of us is a mere fragment of a man (like half a tally-stick); we've been split in two, like filleted plaice. We're all looking for our 'other half'. Men who are a fragment of the common sex (the one called hermaphrodite), are womanisers, and most adulterers are to be found in this category. Similarly, women of this type are nymphomaniacs and adulteresses. On the other hand, women who are part of an original woman pay very little attention to men. Their interest is in women; Lesbians are found in this class. And those who are part of a male pursue what is male. As boys, because they are slices of the male, they are fond of men, and enjoy going to bed with men and embracing them. These are the best of the boys and young men, since they are by nature the most manly. Some people call them immoral – quite wrongly. It is not immorality, but boldness, courage and manliness, since they take pleasure in what is like themselves. This is proved by the fact that, when they grow up and take part in public life, it's only this kind who prove themselves men. When they come to manhood, they are lovers of boys, and don't naturally show any interest in marriage or producing children; they have to be forced into it by convention. They're quite happy to live with one another, and not get married.

People like this are clearly inclined to have boy friends or (as boys) inclined to have lovers, because they always welcome what is akin. When a lover of boys (or any sort of lover) meets the real thing (i.e. his other half), he is completely overwhelmed by friendship and affection and desire, more or less refusing to be separated for any time at all. These are the people who spend their whole lives together, and

[margin annotations: socially acceptable to have a gf or lover (b); But can't show marriage (c)]

ἀλλ' ἄλλο τι βουλομένη ἑκατέρου ἡ ψυχὴ δήλη ἐστίν, ὃ οὐ δύναται

d εἰπεῖν, ἀλλὰ μαντεύεται ὃ βούλεται, καὶ αἰνίττεται. καὶ εἰ αὐτοῖς
ἐν τῷ αὐτῷ κατακειμένοις ἐπιστὰς ὁ Ἥφαιστος, ἔχων τὰ ὄργανα,
ἔροιτο· Τί ἐσθ' ὃ βούλεσθε, ὦ ἄνθρωποι, ὑμῖν παρ' ἀλλήλων γεν-
έσθαι; καὶ εἰ ἀποροῦντας αὐτοὺς πάλιν ἔροιτο· Ἆρά γε τοῦδε
ἐπιθυμεῖτε, ἐν τῷ αὐτῷ γενέσθαι ὅτι μάλιστα ἀλλήλοις, ὥστε καὶ
νύκτα καὶ ἡμέραν μὴ ἀπολείπεσθαι ἀλλήλων; εἰ γὰρ τούτου ἐπι-
θυμεῖτε, θέλω ὑμᾶς συντῆξαι καὶ συμφυσῆσαι εἰς τὸ αὐτό, ὥστε

e δύ' ὄντας ἕνα γεγονέναι καὶ ἕως τ' ἂν ζῆτε, ὡς ἕνα ὄντα, κοινῇ
ἀμφοτέρους ζῆν, καὶ ἐπειδὰν ἀποθάνητε, ἐκεῖ αὖ ἐν Ἅιδου ἀντὶ
δυοῖν ἕνα εἶναι κοινῇ τεθνεῶτε· ἀλλ' ὁρᾶτε εἰ τούτου ἐρᾶτε καὶ
ἐξαρκεῖ ὑμῖν ἂν τούτου τύχητε, ταῦτ' ἀκούσας ἴσμεν ὅτι οὐδ' ἂν
εἷς ἐξαρνηθείη οὐδ' ἄλλο τι ἂν φανείη βουλόμενος, ἀλλ' ἀτεχνῶς
οἴοιτ' ἂν ἀκηκοέναι τοῦτο ὃ πάλαι ἄρα ἐπεθύμει, συνελθὼν καὶ
συντακεὶς τῷ ἐρωμένῳ ἐκ δυοῖν εἷς γενέσθαι. τοῦτο γάρ ἐστι τὸ
αἴτιον, ὅτι ἡ ἀρχαία φύσις ἡμῶν ἦν αὕτη καὶ ἦμεν ὅλοι· τοῦ ὅλου

193 οὖν τῇ ἐπιθυμίᾳ καὶ διώξει ἔρως ὄνομα. καὶ πρὸ τοῦ, ὥσπερ λέγω,
ἓν ἦμεν, νυνὶ δὲ διὰ τὴν ἀδικίαν διῳκίσθημεν ὑπὸ τοῦ θεοῦ, καθά-
περ Ἀρκάδες ὑπὸ Λακεδαιμονίων· φόβος οὖν ἐστιν, ἐὰν μὴ κόσμιοι
ὦμεν πρὸς τοὺς θεούς, ὅπως μὴ καὶ αὖθις διασχισθησόμεθα, καὶ
περίιμεν ἔχοντες ὥσπερ οἱ ἐν ταῖς στήλαις καταγραφὴν ἐκτετυπ-
ωμένοι, διαπεπρισμένοι κατὰ τὰς ῥῖνας, γεγονότες ὥσπερ λίσπαι.
ἀλλὰ τούτων ἕνεκα πάντ' ἄνδρα χρὴ ἅπαντα παρακελεύεσθαι

b εὐσεβεῖν περὶ θεούς, ἵνα τὰ μὲν ἐκφύγωμεν, τῶν δὲ τύχωμεν, ὡς ὁ
Ἔρως ἡμῖν ἡγεμὼν καὶ στρατηγός. ᾧ μηδεὶς ἐναντία πραττέτω
(πράττει δ' ἐναντία ὅστις θεοῖς ἀπεχθάνεται)· φίλοι γὰρ γενόμενοι
καὶ διαλλαγέντες τῷ θεῷ ἐξευρήσομέν τε καὶ ἐντευξόμεθα τοῖς
παιδικοῖς τοῖς ἡμετέροις αὐτῶν, ὃ τῶν νῦν ὀλίγοι ποιοῦσι. καὶ μή
μοι ὑπολάβῃ Ἐρυξίμαχος, κωμῳδῶν τὸν λόγον, ὡς Παυσανίαν καὶ

c Ἀγάθωνα λέγω· ἴσως μὲν γὰρ καὶ οὗτοι τούτων τυγχάνουσιν ὄντες

yet they cannot find words for what they want from one another. No-one imagines that it's simply sexual intercourse, or that sex is the reason why one gets such enormous pleasure out of the other's company. No, it's obvious that the soul of each has some other desire, which it cannot express. It can only give hints and clues to its wishes.

Imagine that Hephaestus came and stood over them, with his smith's tools, as they lay in bed together. Suppose he asked them, 'What is it you want from one another, mortals?' If they couldn't tell him, he might ask again, 'Do you want to be together as much as possible, and not be separated, day or night? If that's what you want, I'm quite prepared to weld you together, and make you grow into one. You can be united, the two of you, and live your whole life together, as one. Even down in Hades, when you die, you can be a single dead person, rather than two. Decide whether that's what you want, and whether that would satisfy you.' We can be sure that no-one would refuse this offer. Quite clearly, it would be just what they wanted. They'd simply think they'd been offered exactly what they'd always been after, in sexual intercourse, trying to melt into their lovers, and so be united.

So that's the explanation; it's because our original nature was as I have described, and because we were once complete. And the name of this desire and pursuit of completeness is Eros, or love. Formerly, as I say, we were undivided, but now we've been split up by god for our misdeeds — like the Arcadians by the Spartans. And the danger is that, if we don't treat the gods with respect, we may be divided again, and go round looking like figures in a bas-relief, sliced in half down the line of our noses. We'd be like torn-off counterfoils. That's why we should all encourage the utmost piety towards the gods. We're trying to avoid this fate, and achieve the other. So we take Eros as our guide and leader. Let no-one oppose this aim — and incurring

Φαρμάττειν βούλει με, ὦ Σώκρατες, εἰπεῖν τὸν Ἀγάθωνα, ἵνα θορυβηθῶ διὰ τὸ οἴεσθαι τὸ θέατρον προσδοκίαν μεγάλην ἔχειν ὡς εὖ ἐροῦντος ἐμοῦ.

b Ἐπιλήσμων μεντἂν εἴην, ὦ Ἀγάθων, εἰπεῖν τὸν Σωκράτη, εἰ ἰδὼν τὴν σὴν ἀνδρείαν καὶ μεγαλοφροσύνην ἀναβαίνοντος ἐπὶ τὸν ὀκρίβαντα μετὰ τῶν ὑποκριτῶν, καὶ βλέψαντος ἐναντία τοσούτῳ θεάτρῳ, μέλλοντος ἐπιδείξεσθαι σαυτοῦ λόγους, καὶ οὐδ' ὁπωστιοῦν ἐκπλαγέντος, νῦν οἰηθείην σε θορυβήσεσθαι ἕνεκα ἡμῶν ὀλίγων ἀνθρώπων.

Τί δέ, ὦ Σώκρατες; τὸν Ἀγάθωνα φάναι, οὐ δήπου με οὕτω θεάτρου μεστὸν ἡγῇ ὥστε καὶ ἀγνοεῖν ὅτι νοῦν ἔχοντι ὀλίγοι ἔμφρονες πολλῶν ἀφρόνων φοβερώτεροι.

c Οὐ μεντἂν καλῶς ποιοίην, φάναι, ὦ Ἀγάθων, περὶ σοῦ τι ἐγὼ ἄγροικον δοξάζων· ἀλλ' εὖ οἶδα ὅτι εἴ τισιν ἐντύχοις οὓς ἡγοῖο σοφούς, μᾶλλον ἂν αὐτῶν φροντίζοις ἢ τῶν πολλῶν. ἀλλὰ μὴ οὐχ οὗτοι ἡμεῖς ὦμεν (ἡμεῖς μὲν γὰρ καὶ ἐκεῖ παρῆμεν καὶ ἦμεν τῶν πολλῶν), εἰ δὲ ἄλλοις ἐντύχοις σοφοῖς, τάχ' ἂν αἰσχύνοιο αὐτούς, εἴ τι ἴσως οἴοιο αἰσχρὸν ὂν ποιεῖν· ἢ πῶς λέγεις;
Ἀληθῆ λέγεις, φάναι.

Τοὺς δὲ πολλοὺς οὐκ ἂν αἰσχύνοιο εἴ τι οἴοιο αἰσχρὸν ποιεῖν;

d καὶ τὸν Φαῖδρον ἔφη ὑπολαβόντα εἰπεῖν Ὦ φίλε Ἀγάθων, ἐὰν ἀποκρίνῃ Σωκράτει, οὐδὲν ἔτι διοίσει αὐτῷ ὁπῃοῦν τῶν ἐνθάδε ὁτιοῦν γίγνεσθαι, ἐὰν μόνον ἔχῃ ὅτῳ διαλέγηται, ἄλλως τε καὶ καλῷ. ἐγὼ δὲ ἡδέως μὲν ἀκούω Σωκράτους διαλεγομένου, ἀναγκαῖον δέ μοι ἐπιμεληθῆναι τοῦ ἐγκωμίου τῷ Ἔρωτι καὶ ἀποδέξασθαι παρ' ἑνὸς ἑκάστου ὑμῶν τὸν λόγον· ἀποδοὺς οὖν ἑκάτερος τῷ θεῷ οὕτως ἤδη διαλεγέσθω.

might well be alarmed, and be in precisely the state that I am in now.

Agathon: Ah! Trying a little black magic, are you, Socrates? Are you hoping it'll make me nervous if I think the audience is expecting a great speech from me?

Socrates: Agathon, I've seen your nerve and courage in going up on b the platform with the actors, to present your plays, before the eyes of that vast audience. You were quite unperturbed by that, so it'd be pretty stupid of me to imagine that you'd be nervous in front of the few people here.

Agathon: I may be stagestruck, Socrates, but I'm still aware that, to anyone with any sense, a small critical audience is far more daunting than a large uncritical one.

Socrates: It would be quite wrong for me, of all people, to suggest c that you are lacking in taste or judgement. I'm well aware that in all your contacts with those you consider discriminating, you value their opinion more highly than that of the public. But don't put us in that category — after all, we were there, we were part of 'the public'. Anyway, let's pursue this: if you came across truly discriminating people (not us), you would perhaps be daunted by them, if you thought you were producing something second-rate. Is that right?

Agathon: It is.

Socrates: Whereas offering the public something second-rate would not worry you, would it?

Phaedrus: Agathon, if you answer Socrates, he won't give a thought d to the rest of us, so long as he has someone to talk to, particularly someone good-looking. For myself, I love hearing Socrates talk, but it's my job to supervise the progress of the speeches in praise of Eros, and get a speech out of each of you. When you've both paid your tribute to the god, then the two of you can get on with your discussion.

e Ἀλλὰ καλῶς λέγεις, ὦ Φαῖδρε, φάναι τὸν Ἀγάθωνα, καὶ οὐδέν με
κωλύει λέγειν· Σωκράτει γὰρ καὶ αὖθις ἔσται πολλάκις διαλέγεσ-
θαι.

ἐγὼ δὲ δὴ βούλομαι πρῶτον μὲν εἰπεῖν ὡς χρή με εἰπεῖν, ἔπειτα
εἰπεῖν. δοκοῦσι γάρ μοι πάντες οἱ πρόσθεν εἰρηκότες οὐ τὸν θεὸν
ἐγκωμιάζειν ἀλλὰ τοὺς ἀνθρώπους εὐδαιμονίζειν τῶν ἀγαθῶν ὧν
ὁ θεὸς αὐτοῖς αἴτιος· ὁποῖος δέ τις αὐτὸς ὢν ταῦτα ἐδωρήσατο,
195 οὐδεὶς εἴρηκεν. εἰς δὲ τρόπος ὀρθὸς παντὸς ἐπαίνου περὶ παντός,
λόγῳ διελθεῖν οἷος οἵων αἴτιος ὢν τυγχάνει περὶ οὗ ἂν ὁ λόγος ᾖ.
οὕτω δὴ τὸν Ἔρωτα καὶ ἡμᾶς δίκαιον ἐπαινέσαι πρῶτον αὐτὸν
οἷός ἐστιν, ἔπειτα τὰς δόσεις. φημὶ οὖν ἐγὼ πάντων θεῶν εὐδαιμ-
όνων ὄντων Ἔρωτα, εἰ θέμις καὶ ἀνεμέσητον εἰπεῖν, εὐδαιμονέστ-
ατον εἶναι αὐτῶν, κάλλιστον ὄντα καὶ ἄριστον. ἔστι δὲ κάλλιστος
ὢν τοιόσδε. πρῶτον μὲν νεώτατος θεῶν, ὦ Φαῖδρε· μέγα δὲ τεκμήρ-
b ιον τῷ λόγῳ αὐτὸς παρέχεται, φεύγων φυγῇ τὸ γῆρας, ταχὺ ὂν δῆ-
λον ὅτι· θᾶττον γοῦν τοῦ δέοντος ἡμῖν προσέρχεται. ὃ δὴ πέφυκεν
Ἔρως μισεῖν καὶ οὐδ' ἐντὸς πολλοῦ πλησιάζειν. μετὰ δὲ νέων ἀεὶ
σύνεστί τε καὶ ἔστιν· ὁ γὰρ παλαιὸς λόγος εὖ ἔχει, ὡς ὅμοιον ὁμ-
οίῳ ἀεὶ πελάζει. ἐγὼ δὲ Φαίδρῳ πολλὰ ἄλλα ὁμολογῶν τοῦτο οὐχ
ὁμολογῶ, ὡς Ἔρως Κρόνου καὶ Ἰαπετοῦ ἀρχαιότερός ἐστιν, ἀλλά
c φημι νεώτατον αὐτὸν εἶναι θεῶν καὶ ἀεὶ νέον, τὰ δὲ παλαιὰ πράγ-
ματα περὶ θεούς, ἃ Ἡσίοδος καὶ Παρμενίδης λέγουσιν, Ἀνάγκῃ
καὶ οὐκ Ἔρωτι γεγονέναι, εἰ ἐκεῖνοι ἀληθῆ ἔλεγον· οὐ γὰρ ἂν ἐκ-
τομαὶ οὐδὲ δεσμοὶ ἀλλήλων ἐγίγνοντο καὶ ἄλλα πολλὰ καὶ βίαια,
εἰ Ἔρως ἐν αὐτοῖς ἦν, ἀλλὰ φιλία καὶ εἰρήνη, ὥσπερ νῦν, ἐξ οὗ

Agathon: Quite right, Phaedrus. There's no reason why I shouldn't make my speech. I shall have plenty of other opportunities to talk to Socrates.

AGATHON

I want first to talk about *how* I should talk, and then talk. All the speakers so far have given me the impression that they were not so much praising the god as congratulating man-kind on the good things the god provides. No-one has told us what the giver of these benefits is really like, in himself. And yet, in any speech of praise on any subject, the only  195 correct procedure is to work systematically through the subject under discussion, saying what its nature is, and what benefits it gives. That is how we too should by rights be praising Eros, describing first his nature, then his gifts.

I claim, then, that though all the gods are blessed, Eros, if I may say this without offending the other gods, is the most blessed, since he is the most beautiful and the best. The most beautiful? Well, for a start, Phaedrus, he is the youngest of the gods. He proves this him- b self, by running away at top speed from old age. Yet old age is swift enough, and swifter than most of us would like. It is Eros' nature to hate old age, and steer well clear of it. He lives and exists always with the young. 'Birds  of a feather', and all that. So, though there was much in Phaedrus' speech with which I agreed, I didn't agree with his claim that Eros was older than Cronus or Iapetus. I would say he's the youngest of the gods — eternally young, in fact. The earliest troubles among the c gods, which Hesiod and Parmenides write about, were, if those writers are correct, the work of Necessity, not of Eros. If Eros had been there,

Ἔρως τῶν θεῶν βασιλεύει. νέος μὲν οὖν ἐστι, πρὸς δὲ τῷ νέῳ ἁπ-
d αλός· ποιητοῦ δ' ἐστιν ἐνδεὴς οἷος ἦν Ὅμηρος πρὸς τὸ ἐπιδεῖξαι
θεοῦ ἁπαλότητα. Ὅμηρος γὰρ Ἄτην θεόν τέ φησιν εἶναι καὶ ἁπ-
αλήν — τοὺς γοῦν πόδας αὐτῆς ἁπαλοὺς εἶναι — λέγων

τῆς μέν θ' ἁπαλοὶ πόδες· οὐ γὰρ ἐπ' οὔδεος
πίλναται, ἀλλ' ἄρα ἥ γε κατ' ἀνδρῶν κράατα βαίνει.

καλῷ οὖν δοκεῖ μοι τεκμηρίῳ τὴν ἁπαλότητα ἀποφαίνειν, ὅτι οὐκ
ἐπὶ σκληροῦ βαίνει, ἀλλ' ἐπὶ μαλθακοῦ. τῷ αὐτῷ δὴ καὶ ἡμεῖς χρη-
e σόμεθα τεκμηρίῳ περὶ Ἔρωτα ὅτι ἁπαλός. οὐ γὰρ ἐπὶ γῆς βαίνει
οὐδ' ἐπὶ κρανίων, ἅ ἐστιν οὐ πάνυ μαλακά, ἀλλ' ἐν τοῖς μαλακωτ-
άτοις τῶν ὄντων καὶ βαίνει καὶ οἰκεῖ. ἐν γὰρ ἤθεσι καὶ ψυχαῖς θεῶν
καὶ ἀνθρώπων τὴν οἴκησιν ἵδρυται, καὶ οὐκ αὖ ἑξῆς ἐν πάσαις ταῖς
ψυχαῖς, ἀλλ' ἧτινι ἂν σκληρὸν ἦθος ἐχούσῃ ἐντύχῃ, ἀπέρχεται, ᾗ
δ' ἂν μαλακόν, οἰκίζεται. ἁπτόμενον οὖν ἀεὶ καὶ ποσὶν καὶ πάντη
ἐν μαλακωτάτοις τῶν μαλακωτάτων, ἁπαλώτατον ἀνάγκη εἶναι.
196 νεώτατος μὲν δή ἐστι καὶ ἁπαλώτατος, πρὸς δὲ τούτοις ὑγρὸς τὸ
εἶδος. οὐ γὰρ ἂν οἷός τ' ἦν πάντη περιπτύσσεσθαι οὐδὲ διὰ πάσης
ψυχῆς καὶ εἰσιὼν τὸ πρῶτον λανθάνειν καὶ ἐξιών, εἰ σκληρὸς ἦν.
συμμέτρου δὲ καὶ ὑγρᾶς ἰδέας μέγα τεκμήριον ἡ εὐσχημοσύνη, ὃ
δὴ διαφερόντως ἐκ πάντων ὁμολογουμένως Ἔρως ἔχει· ἀσχημοσύ-
νη γὰρ καὶ Ἔρωτι πρὸς ἀλλήλους ἀεὶ πόλεμος. χρόας δὲ κάλλος
ἡ κατ' ἄνθη δίαιτα τοῦ θεοῦ σημαίνει· ἀνανθεῖ γὰρ καὶ ἀπηνθηκότι
b καὶ σώματι καὶ ψυχῇ καὶ ἄλλῳ ὁτῳοῦν οὐκ ἐνίζει Ἔρως, οὗ δ' ἂν
εὐανθής τε καὶ εὐώδης τόπος ᾖ, ἐνταῦθα δὲ καὶ ἵζει καὶ μένει.
περὶ μὲν οὖν κάλλους τοῦ θεοῦ καὶ ταῦτα ἱκανὰ καὶ ἔτι πολλὰ
λείπεται, περὶ δὲ ἀρετῆς Ἔρωτος μετὰ ταῦτα λεκτέον, τὸ μὲν
μέγιστον ὅτι Ἔρως οὔτ' ἀδικεῖ οὔτ' ἀδικεῖται οὔτε ὑπὸ θεοῦ οὔτε
θεόν, οὔτε ὑπ' ἀνθρώπου οὔτε ἄνθρωπον. οὔτε γὰρ αὐτὸς βίᾳ
πάσχει, εἴ τι πάσχει (βίᾳ γὰρ Ἔρωτος οὐχ ἅπτεται), οὔτε ποιῶν
c ποιεῖ· πᾶς γὰρ ἑκὼν Ἔρωτι πᾶν ὑπηρετεῖ, ἃ δ' ἂν ἑκὼν ἑκόντι ὁμο-

there would have been none of this cutting, or tying, each other up, or any of the other acts of violence. There would have been friendship and peace, as there has been since Eros became king of the gods.

So, he is young. And not only young, but delicate. You need a poet like Homer to show how delicate. Homer describes Ate as a god and as delicate (or at any rate, with delicate feet): 'delicate are her feet; she walks not upon the ground, but goes upon the heads of men.' Presumably he's giving an example here to show how delicate – she goes not on what is hard, but on what is soft. We too can use a similar argument to show how delicate Eros is. He does not walk upon the ground, nor yet on men's heads (which aren't that soft anyway); he lives and moves among the softest of all things, making his home in the hearts and minds of gods and men. And not in all hearts equally. He avoids any hard hearts he comes across, and settles among the tender-hearted. He must therefore be extremely delicate, since he only ever touches (either with his feet or in any other way) the softest of the soft.

Very young, then, and very delicate. Another thing about him is that he's very supple. He can't be rigid and unyielding, because he wouldn't be able to insinuate himself anywhere he likes, entering and leaving men's hearts undetected. Eros' outstanding beauty is universally agreed, and this again suggests that he is well-proportioned and supple. Ugliness and Eros are ever at odds with one another. Finally, the beauty of his skin is attested by his love of flowers. He will not settle in a man's body, or heart, or anywhere else, if it is past the first flower and bloom of youth. But he does settle down, and remain, in any flowery and fragrant place.

So much for the god's beauty, though I've left out more than I've said. Now I must say something about his goodness. The main thing about Eros is that no-one, god or man, wrongs him or is wronged by

λογήσῃ, φασὶν 'οἱ πόλεως βασιλῆς νόμοι' δίκαια εἶναι. πρὸς δὲ τῇ δικαιοσύνῃ σωφροσύνης πλείστης μετέχει. εἶναι γὰρ ὁμολογεῖται σωφροσύνη τὸ κρατεῖν ἡδονῶν καὶ ἐπιθυμιῶν, Ἔρωτος δὲ μηδεμίαν ἡδονὴν κρείττω εἶναι· εἰ δὲ ἥττους, κρατοῖντ' ἂν ὑπὸ Ἔρωτος, ὁ δὲ κρατοῖ, κρατῶν δὲ ἡδονῶν καὶ ἐπιθυμιῶν ὁ Ἔρως διαφερόντως ἂν σωφρονοῖ. καὶ μὴν εἴς γε ἀνδρείαν Ἔρωτι οὐδ' Ἄρης

d   ἀνθίσταται. οὐ γὰρ ἔχει Ἔρωτα Ἄρης, ἀλλ' Ἔρως Ἄρη — Ἀφροδίτης, ὡς λόγος — κρείττων δὲ ὁ ἔχων τοῦ ἐχομένου· τοῦ δ' ἀνδρειοτάτου τῶν ἄλλων κρατῶν πάντων ἂν ἀνδρειότατος εἴη. περὶ μὲν

οὖν δικαιοσύνης καὶ σωφροσύνης καὶ ἀνδρείας τοῦ θεοῦ εἴρηται, περὶ δὲ σοφίας λείπεται· ὅσον οὖν δυνατόν, πειρατέον μὴ ἐλλείπειν. καὶ πρῶτον μέν, ἵν' αὖ καὶ ἐγὼ τὴν ἡμετέραν τέχνην τιμήσω

e   ὥσπερ Ἐρυξίμαχος τὴν αὐτοῦ, ποιητὴς ὁ θεὸς σοφὸς οὕτως ὥστε καὶ ἄλλον ποιῆσαι· πᾶς γοῦν ποιητὴς γίγνεται, κἂν ἄμουσος ᾖ τὸ πρίν, οὗ ἂν Ἔρως ἅψηται. ᾧ δὴ πρέπει ἡμᾶς μαρτυρίῳ χρῆσθαι, ὅτι ποιητὴς ὁ Ἔρως ἀγαθὸς ἐν κεφαλαίῳ πᾶσαν ποίησιν τὴν κατὰ μουσικήν· ἃ γάρ τις ἢ μὴ ἔχει ἢ μὴ οἶδεν, οὔτ' ἂν ἑτέρῳ δοίη

197   οὔτ' ἂν ἄλλον διδάξειεν. καὶ μὲν δὴ τήν γε τῶν ζῴων ποίησιν πάντων τίς ἐναντιώσεται μὴ οὐχὶ Ἔρωτος εἶναι σοφίαν, ᾗ γίγνεταί τε καὶ φύεται πάντα τὰ ζῷα; ἀλλὰ τὴν τῶν τεχνῶν δημιουργίαν οὐκ ἴσμεν, ὅτι οὗ μὲν ἂν ὁ θεὸς οὗτος διδάσκαλος γένηται, ἐλλόγιμος καὶ φανὸς ἀπέβη, οὗ δ' ἂν Ἔρως μὴ ἐφάψηται, σκοτεινός; τοξικήν γε μὴν καὶ ἰατρικὴν καὶ μαντικὴν Ἀπόλλων ἀνηῦρεν ἐπιθυμίας καὶ

him. Nothing is done to him, when it is done, by force. Force cannot touch Eros. When he acts, he acts without force, since everyone serves Eros quite willingly, and it's agreed by 'our masters, the laws'   c
that where there is mutual consent and agreement, there is justice. Moreover, he is a paragon of virtue as well as justice. After all, virtue

is agreed to be control of pleasures and desires, and no pleasure is stronger than love. But if they are weaker than love, then he has control over them, and if he has control over pleasures and desires, he must be highly virtuous.

And what about courage? 'Ares himself cannot hold his ground' against Eros. Ares does not take Eros prisoner; it is Eros – the love   d
of Aphrodite, so the story goes – who takes Ares prisoner, and the captor is stronger than the captive. He who overcomes the bravest is himself the bravest of all.

So much for the god's justice, virtue and courage. Now for his wisdom. I must try as hard as I can not to leave anything out, and so I too, in my turn, will start with a tribute to my own profession, following Eryximachus' example. Eros is an accomplished poet, so accomplished that he can turn others into poets. Everyone turns to   e
poetry, 'however philistine he may have been before', when moved by Eros. We should take this as an indication that, in general, Eros is master of all forms of literary or artistic creation. After all, no-one can impart, or teach, a skill which he does not himself possess or know. And who will deny that the creation of all living things is the work of   197
Eros' wisdom, which makes all living things come into being and grow?

It's the same with any skilled activity. It is common knowledge that those who have this god for their teacher win fame and reputation; those he passes by remain in obscurity. For example, Apollo's

b ἔρωτος ἡγεμονεύσαντος, ὥστε καὶ οὗτος Ἔρωτος ἂν εἴη μαθητής, καὶ Μοῦσαι μουσικῆς καὶ Ἥφαιστος χαλκείας καὶ Ἀθηνᾶ ἱστουργίας καὶ Ζεὺς κυβερνᾶν θεῶν τε καὶ ἀνθρώπων. ὅθεν δὴ καὶ κατεσκευάσθη τῶν θεῶν τὰ πράγματα Ἔρωτος ἐγγενομένου, δῆλον ὅτι κάλλους — αἶσχει γὰρ οὐκ ἔπι ἔρως — πρὸ τοῦ δέ, ὥσπερ ἐν ἀρχῇ εἶπον, πολλὰ καὶ δεινὰ θεοῖς ἐγίγνετο, ὡς λέγεται, διὰ τὴν τῆς Ἀνάγκης βασιλείαν· ἐπειδὴ δ' ὁ θεὸς οὗτος ἔφυ, ἐκ τοῦ ἐρᾶν τῶν καλῶν πάντ' ἀγαθὰ γέγονεν καὶ θεοῖς καὶ ἀνθρώποις.

c οὕτως ἐμοὶ δοκεῖ, ὦ Φαῖδρε, Ἔρως πρῶτος αὐτὸς ὢν κάλλιστος καὶ ἄριστος μετὰ τοῦτο ἄλλοις ἄλλων τοιούτων αἴτιος εἶναι. ἐπέρχεται δέ μοι τι καὶ ἔμμετρον εἰπεῖν, ὅτι οὗτός ἐστιν ὁ ποιῶν

εἰρήνην μὲν ἐν ἀνθρώποις, πελάγει δὲ γαλήνην
νηνεμίαν, ἀνέμων κοίτην ὕπνον τ' ἐνὶ κήδει.

d οὗτος δὲ ἡμᾶς ἀλλοτριότητος μὲν κενοῖ, οἰκειότητος δὲ πληροῖ, τὰς τοιάσδε συνόδους μετ' ἀλλήλων πάσας τιθεὶς συνιέναι, ἐν ἑορταῖς, ἐν χοροῖς, ἐν θυσίαισι γιγνόμενος ἡγεμών· πραότητα μὲν πορίζων, ἀγριότητα δ' ἐξορίζων· φιλόδωρος εὐμενείας, ἄδωρος δυσμενείας· ἵλεως ἀγανός· θεατὸς σοφοῖς, ἀγαστὸς θεοῖς· ζηλωτὸς ἀμοίροις, κτητὸς εὐμοίροις· τρυφῆς, ἁβρότητος, χλιδῆς, χαρίτων, ἱμέρου, πόθου πατήρ· ἐπιμελὴς ἀγαθῶν, ἀμελὴς κακῶν· ἐν πόνῳ, ἐν φόβῳ, ἐν πόθῳ, ἐν λόγῳ κυβερνήτης, ἐπιβάτης, παρα-

e στάτης τε καὶ σωτὴρ ἄριστος, συμπάντων τε θεῶν καὶ ἀνθρώπων κόσμος, ἡγεμὼν κάλλιστος καὶ ἄριστος, ᾧ χρὴ ἕπεσθαι πάντα ἄνδρα ἐφυμνοῦντα καλῶς, ᾠδῆς μετέχοντα ἣν ᾄδει θέλγων πάντων θεῶν τε καὶ ἀνθρώπων νόημα.

οὗτος, ἔφη, ὁ παρ' ἐμοῦ λόγος, ὦ Φαῖδρε, τῷ θεῷ ἀνακείσθω, τὰ μὲν παιδιᾶς, τὰ δὲ σπουδῆς μετρίας, καθ' ὅσον ἐγὼ δύναμαι, μετέχων.

198 εἰπόντος δὲ τοῦ Ἀγάθωνος πάντας ἔφη ὁ Ἀριστόδημος ἀναθορυβῆσαι τοὺς παρόντας, ὡς πρεπόντως τοῦ νεανίσκου εἰρηκότος

discoveries (archery, medicine and prophecy) were all guided by desire and love, so he too can be called a disciple of Eros. Likewise with the Muses and the arts, Hephaestus and metalworking, Athene and weaving, and Zeus and 'the governance of gods and men'. And if we ask why the quarrels of the gods were settled as soon as Eros appeared, without doubt the reason was love of beauty (there being no love of ugliness). In earlier times, as I said originally, there were many violent quarrels among the gods – or so we are told – because they were in the grip of Necessity. But since Eros' birth, all manner of good has resulted, for gods and men, from the love of beauty.

Such, Phaedrus, is my view of Eros. He stands out as beautiful and excellent in himself; and secondly, he is the origin of similar qualities in others. I am tempted to speak in verse, and say he brings

> Sweet peace to men, and calm o'er all the deep,
>
> Rest to the winds, to those who sorrow, sleep.

He gives us the feeling, not of longing, but of belonging, since he is the moving spirit behind all those occasions when we meet and gather together. Festivals, dances, sacrifices—in these he is the moving spirit. Implanter of gentleness, supplanter of fierceness; generous with his kindness, ungenerous with unkindness; gracious, gentle; an example to the wise, a delight to the gods; craved by those without him, saved by those who have him; of luxury, delicacy, elegance, charm, yearning and desire he is the father; heedful of the good, heedless of the bad; in hardship and in fear, in need and in argument, he is the best possible helmsman, comrade, ally, and saviour; the glory of gods and men; the best and finest guide, whom every man should follow, singing glorious praises to him, and sharing in the song which he sings to enchant the minds of gods and men.

That is my speech, Phaedrus, in part fun, in part (as far as I could make it) fairly serious. Let it be an offering to the god.

καὶ αὐτῷ καὶ τῷ θεῷ. τὸν οὖν Σωκράτη εἰπεῖν βλέψαντα εἰς τὸν Ἐρυξίμαχον, Ἆρά σοι δοκῶ, φάναι, ὦ παῖ Ἀκουμενοῦ, ἀδεὲς πάλαι δέος δεδιέναι, ἀλλ' οὐ μαντικῶς ἃ νυνδὴ ἔλεγον εἰπεῖν, ὅτι Ἀγάθων θαυμαστῶς ἐροῖ, ἐγὼ δ' ἀπορήσοιμι;

Τὸ μὲν ἕτερον, φάναι τὸν Ἐρυξίμαχον, μαντικῶς μοι δοκεῖς εἰρηκ-έναι, ὅτι Ἀγάθων εὖ ἐρεῖ· τὸ δὲ σὲ ἀπορήσειν, οὐκ οἶμαι.

b Καὶ πῶς, ὦ μακάριε, εἰπεῖν τὸν Σωκράτη, οὐ μέλλω ἀπορεῖν καὶ ἐγὼ καὶ ἄλλος ὁστισοῦν, μέλλων λέξειν μετὰ καλὸν οὕτω καὶ παντοδαπὸν λόγον ῥηθέντα; καὶ τὰ μὲν ἄλλα οὐχ ὁμοίως μὲν θαυμαστά· τὸ δὲ ἐπὶ τελευτῆς τοῦ κάλλους τῶν ὀνομάτων καὶ ῥημάτων τίς οὐκ ἂν ἐξεπλάγη ἀκούων; ἐπεὶ ἔγωγε ἐνθυμούμενος ὅτι αὐτὸς οὐχ οἷός τ' ἔσομαι οὐδ' ἐγγὺς τούτων οὐδὲν καλὸν εἰπ-

c εῖν, ὑπ' αἰσχύνης ὀλίγου ἀποδρὰς ᾠχόμην, εἴ πη εἶχον. καὶ γάρ με Γοργίου ὁ λόγος ἀνεμίμνησκεν, ὥστε ἀτεχνῶς τὸ τοῦ Ὁμήρου ἐπεπόνθη· ἐφοβούμην μή μοι τελευτῶν ὁ Ἀγάθων Γοργίου κεφαλ-ὴν δεινοῦ λέγειν ἐν τῷ λόγῳ ἐπὶ τὸν ἐμὸν λόγον πέμψας αὐτόν με λίθον τῇ ἀφωνίᾳ ποιήσειεν. καὶ ἐνενόησα τότε ἄρα καταγέλ-αστος ὤν, ἡνίκα ὑμῖν ὡμολόγουν ἐν τῷ μέρει μεθ' ὑμῶν ἐγκωμιάσ-

d εσθαι τὸν Ἔρωτα καὶ ἔφην εἶναι δεινὸς τὰ ἐρωτικά, οὐδὲν εἰδὼς ἄρα τοῦ πράγματος, ὡς ἔδει ἐγκωμιάζειν ὁτιοῦν. ἐγὼ μὲν γὰρ ὑπ' ἀβελτερίας ᾤμην δεῖν τἀληθῆ λέγειν περὶ ἑκάστου τοῦ ἐγκωμιαζ-ομένου, καὶ τοῦτο μὲν ὑπάρχειν, ἐξ αὐτῶν δὲ τούτων τὰ κάλλιστα ἐκλεγομένους ὡς εὐπρεπέστατα τιθέναι· καὶ πάνυ δὴ μέγα ἐφρόν-ουν ὡς εὖ ἐρῶν, ὡς εἰδὼς τὴν ἀλήθειαν τοῦ ἐπαινεῖν ὁτιοῦν. τὸ δὲ ἄρα, ὡς ἔοικεν, οὐ τοῦτο ἦν τὸ καλῶς ἐπαινεῖν ὁτιοῦν, ἀλλὰ τὸ ὡς

e μέγιστα ἀνατιθέναι τῷ πράγματι καὶ ὡς κάλλιστα, ἐάν τε ᾖ οὕτως ἔχοντα ἐάν τε μή· εἰ δὲ ψευδῆ, οὐδὲν ἄρ' ἦν πρᾶγμα. προυρρήθη γάρ, ὡς ἔοικεν, ὅπως ἕκαστος ἡμῶν τὸν Ἔρωτα ἐγκωμιάζειν δόξει, οὐχ ὅπως ἐγκωμιάσεται. διὰ ταῦτα δὴ οἶμαι πάντα λόγον κινοῦν-τες ἀνατίθετε τῷ Ἔρωτι, καί φατε αὐτὸν τοιοῦτόν τε εἶναι καὶ

When Agathon finished speaking, we all burst into applause. We thought the young man had done full justice both to himself and to the god.

Socrates (to Eryximachus): Well, son of Acumenus, do you still think my earlier fear unfounded? Wasn't I right when I predicted Agathon would make a brilliant speech, and there would be nothing left for me to say?

Eryximachus: Your prediction was half-true. Agathon did make a good speech. But I don't think you will find nothing to say.

Socrates: My dear fellow, what is there left for me or anyone else to say, after such a fine and varied speech? Maybe it wasn't all equally brilliant, but that bit at the end was enough to silence anyone with the beauty of its language and phraseology. When I realised I wasn't going to be able to make anything like such a good speech, I nearly ran away and disappeared, in embarrassment, only there was nowhere to go. The speech reminded me of Gorgias, and put me in exactly the position described by Homer. I was afraid, at the end of his speech there, that Agathon was going to brandish the head of Gorgias, the great speaker, at my speech, turning me to stone and silencing me. I realised then how fatuous it was to have agreed to take my turn with you in praising Eros, and to have claimed to be an expert on love. It turns out now that I know nothing at all about making speeches of praise. I was naive enough to suppose that one should speak the truth about whatever it was that was being praised, and that from this raw material one should select the most telling points, and arrange them as pleasingly as possible. I was pretty confident I would make a good speech, because I thought I knew about speeches of praise. However, it now seems that praising things well isn't like that; it seems to be a question of hyperbole and rhetoric, regardless of truth or falsehood. And if it's false, that's immaterial. So our original agreement, as it

τοσούτων αἴτιον, ὅπως ἂν φαίνηται ὡς κάλλιστος καὶ ἄριστος, δῆλον ὅτι τοῖς μὴ γιγνώσκουσιν (οὐ γὰρ δήπου τοῖς γε εἰδόσιν) καὶ καλῶς γ' ἔχει καὶ σεμνῶς ὁ ἔπαινος. ἀλλὰ γὰρ ἐγὼ οὐκ ᾔδη ἄρα τὸν τρόπον τοῦ ἐπαίνου, οὐ δ' εἰδὼς ὑμῖν ὡμολόγησα καὶ αὐτὸς ἐν τῷ μέρει ἐπαινέσεσθαι· ἡ γλῶσσα οὖν ὑπέσχετο, ἡ δὲ φρὴν οὔ· χαιρέτω δή. οὐ γὰρ ἔτι ἐγκωμιάζω τοῦτον τὸν τρόπον (οὐ γὰρ ἂν δυναίμην), οὐ μέντοι ἀλλὰ τά γε ἀληθῆ, εἰ βούλεσθε, ἐθέλω

b εἰπεῖν κατ' ἐμαυτόν, οὐ πρὸς τοὺς ὑμετέρους λόγους, ἵνα μὴ γέλωτα ὄφλω. ὅρα οὖν, ὦ Φαῖδρε, εἴ τι καὶ τοιούτου λόγου δέῃ, περὶ Ἔρωτος τἀληθῆ λεγόμενα ἀκούειν, ὀνόμασι δὲ καὶ θέσει ῥημάτων τοιαύτῃ ὁποία ἄν τις τύχῃ ἐπελθοῦσα.

τὸν οὖν Φαῖδρον ἔφη καὶ τοὺς ἄλλους κελεύειν λέγειν, ὅπῃ αὐτὸς οἴοιτο δεῖν εἰπεῖν, ταύτῃ.

Ἔτι τοίνυν, φάναι, ὦ Φαῖδρε, πάρες μοι Ἀγάθωνα σμίκρ' ἄττα ἐρέσθαι, ἵνα ἀνομολογησάμενος παρ' αὐτοῦ οὕτως ἤδη λέγω.

c Ἀλλὰ παρίημι, φάναι τὸν Φαῖδρον, ἀλλ' ἐρώτα. μετὰ ταῦτα δὴ τὸν Σωκράτη ἔφη ἐνθένδε ποθὲν ἄρξασθαι.

Καὶ μήν, ὦ φίλε Ἀγάθων, καλῶς μοι ἔδοξας καθηγήσασθαι τοῦ λόγου, λέγων ὅτι πρῶτον μὲν δέοι αὐτὸν ἐπιδεῖξαι ὁποῖός τις ἐστὶν ὁ Ἔρως, ὕστερον δὲ τὰ ἔργα αὐτοῦ. ταύτην τὴν ἀρχὴν πάνυ ἄγαμαι. ἴθι οὖν μοι περὶ Ἔρωτος, ἐπειδὴ καὶ τἆλλα καλῶς καὶ μεγαλο-

d πρεπῶς διῆλθες οἷός ἐστι, καὶ τόδε εἰπέ· πότερόν ἐστι τοιοῦτος

now seems, was that each of us should pretend to pra   `c
than really praise him.

That, I imagine, is why you credit Eros with all t
you have dug out in his favour. You say his nature is
blessings he produces are these; your object is to make him ᴀ
noble and fine as possible (in the eyes of the ignorant, presumᴀ
since those who know about Eros clearly aren't going to believe you).
Certainly your praise of him looks very fine and impressive, but I
didn't realise this was what was called for; if I had known I wouldn't
have agreed to take my turn in praising him. 'My tongue promised,
not my heart.' Anyway, it can't be helped, but I don't propose to go
on praising him like that – I wouldn't know how to. What I am pre-
pared to do, if you like, is tell the truth, in my own way, and not in   b
competition with your speeches. I don't want to make a complete
fool of myself. What do you think, Phaedrus? Do you want a speech
of that sort? Do you want to hear the truth told about Eros? And
may I use whatever language and forms of speech come naturally?

Phaedrus and the others told him to make his speech, in what-
ever way he thought best.
Socrates: One other point before I start, Phaedrus. Will you let me
ask Agathon a few brief questions? I'd like to get his agreement before
I begin.
Phaedrus: Yes, I'll let you. Ask away.   c

So Socrates began his speech, something like this.

SOCRATES
Well, my dear Agathon, I liked the beginning of your speech.
You said the first thing to do was to reveal the nature of Eros; after
that his achievements. I think that was an excellent starting point.
And since you've explained everything else about the nature of Eros

υἱος εἶναί τινος ὁ Ἔρως ἔρως, ἢ οὐδενός; ἐρωτῶ δ' οὐκ εἰ μητρός
τινος ἢ πατρός ἐστιν (γελοῖον γὰρ ἂν εἴη τὸ ἐρώτημα εἰ Ἔρως
ἐστὶν ἔρως μητρὸς ἢ πατρός), ἀλλ' ὥσπερ ἂν εἰ αὐτὸ τοῦτο πατ-
έρα ἠρώτων, ἆρα ὁ πατήρ ἐστι πατήρ τινος ἢ οὔ; εἶπες ἂν δήπου
μοι, εἰ ἐβούλου καλῶς ἀποκρίνασθαι, ὅτι ἐστὶν ὑέος γε ἢ θυγατρὸς
ὁ πατὴρ πατήρ· ἢ οὔ;

Πάνυ γε, φάναι τὸν Ἀγάθωνα.

Οὐκοῦν καὶ ἡ μήτηρ ὡσαύτως; ὁμολογεῖσθαι καὶ τοῦτο.

e   Ἔτι τοίνυν, εἰπεῖν τὸν Σωκράτη, ἀπόκριναι ὀλίγῳ πλείω, ἵνα μᾶλ-
λον καταμάθῃς ὃ βούλομαι. εἰ γὰρ ἐροίμην, Τί δέ; ἀδελφός, αὐτὸ
τοῦθ' ὅπερ ἐστίν, ἐστί τινος ἀδελφὸς ἢ οὔ; φάναι εἶναι.

Οὐκοῦν ἀδελφοῦ ἢ ἀδελφῆς; ὁμολογεῖν.

Πειρῶ δή, φάναι, καὶ τὸν ἔρωτα εἰπεῖν. ὁ
Ἔρως ἔρως ἐστὶν οὐδενὸς ἢ τινος;

Πάνυ μὲν οὖν ἐστιν.

200   Τοῦτο μὲν τοίνυν, εἰπεῖν τὸν Σωκράτη, φύλαξον παρὰ σαυτῷ με-
μνημένος ὅτου· τοσόνδε δὲ εἰπέ, πότερον ὁ Ἔρως ἐκείνου οὗ ἐστιν
ἔρως, ἐπιθυμεῖ αὐτοῦ ἢ οὔ;

Πάνυ γε, φάναι.

Πότερον ἔχων αὐτὸ οὗ ἐπιθυμεῖ τε καὶ ἐρᾷ, εἶτα ἐπιθυμεῖ τε καὶ
ἐρᾷ, ἢ οὐκ ἔχων;

Οὐκ ἔχων, ὡς τὸ εἰκός γε, φάναι.

Σκόπει δή, εἰπεῖν τὸν Σωκράτη, ἀντὶ τοῦ εἰκότος εἰ ἀνάγκη οὕτως,
b   τὸ ἐπιθυμοῦν ἐπιθυμεῖν οὗ ἐνδεές ἐστιν, ἢ μὴ ἐπιθυμεῖν, ἐὰν μὴ ἐν-
δεὲς ᾖ; ἐμοὶ μὲν γὰρ θαυμαστῶς δοκεῖ, ὦ Ἀγάθων, ὡς ἀνάγκη
εἶναι· σοὶ δὲ πῶς;

Κἀμοί, φάναι, δοκεῖ.

Καλῶς λέγεις. ἆρ' οὖν βούλοιτ' ἄν τις μέγας ὢν μέγας εἶναι, ἢ
ἰσχυρὸς ὢν ἰσχυρός;

Ἀδύνατον ἐκ τῶν ὡμολογημένων.

so impressively and so well, can you tell me one more thing? Is Eros' nature such that he is love produced by something, or by nothing? I don't mean, is he *the son of* a father or a mother — it would be an absurd question, to ask whether Eros is son of a father or mother. But suppose I asked you, about this thing 'father', whether a father is father of something or not? If you wanted to give an accurate answer, you would say, presumably, that a father is father of a son or a daughter, wouldn't you?

Agathon: Yes, I would.

Socrates: And the same with a mother?

Agathon: Yes, the same.

Socrates: Let's take a few more questions, so you can be quite clear what I mean. Suppose I ask, 'What about a brother, simply as a brother? Is he someone's brother, or not?'

Agathon: Yes, he is.

Socrates: His brother's or sister's, I take it?

Agathon: Yes.

Socrates: Try, then, to answer my question about Eros. Is Eros love of nothing, or of something?

Agathon: Of something, certainly.

Socrates: Good. Hold on to that answer. Keep it in mind, & make a mental note what it is that Eros is love of. But first tell me this; this thing which Eros is love of, does he desire it, or not?

Agathon: Certainly.

Socrates: And does he possess that which he desires & loves, or not?

Agathon: Probably not.

Socrates: I'm not interested in probability, but in certainty. Consider this proposition: anything which desires something desires what it does not have, and it only desires when it is lacking something. This proposition, Agathon, seems to me to be absolutely certain. How

d

e

EROS?

Eros love of something

200

doesn't have what he desires

b

Οὐ γάρ που ἐνδεὴς ἂν εἴη τούτων ὅ γε ὤν.

Ἀληθῆ λέγεις.

Εἰ γὰρ καὶ ἰσχυρὸς ὢν βούλοιτο ἰσχυρὸς εἶναι, φάναι τὸν Σωκράτη, καὶ ταχὺς ὢν ταχύς, καὶ ὑγιὴς ὢν ὑγιής (ἴσως γὰρ ἄν τις ταῦτα οἰηθείη καὶ πάντα τὰ τοιαῦτα τοὺς ὄντας τε τοιούτους καὶ

c ἔχοντας ταῦτα τούτων ἅπερ ἔχουσι καὶ ἐπιθυμεῖν), ἵν' οὖν μὴ ἐξαπατηθῶμεν, τούτου ἕνεκα λέγω. τούτοις γάρ, ὦ Ἀγάθων, εἰ ἐννοεῖς, ἔχειν μὲν ἕκαστα τούτων ἐν τῷ παρόντι ἀνάγκη ἃ ἔχουσιν, ἐάντε βούλωνται ἐάντε μή, καὶ τούτου γε δήπου τίς ἂν ἐπιθυμήσειεν; ἀλλ' ὅταν τις λέγῃ ὅτι Ἐγὼ ὑγιαίνων βούλομαι καὶ ὑγιαίνειν, καὶ πλουτῶν βούλομαι καὶ πλουτεῖν, καὶ ἐπιθυμῶ αὐτῶν τούτων ἃ ἔχω, εἴποιμεν ἂν αὐτῷ ὅτι Σύ, ὦ ἄνθρωπε, πλοῦτον κεκτημένος

d καὶ ὑγίειαν καὶ ἰσχὺν βούλει καὶ εἰς τὸν ἔπειτα χρόνον ταῦτα κεκτῆσθαι, ἐπεὶ ἐν τῷ γε νῦν παρόντι, εἴτε βούλει εἴτε μή, ἔχεις· σκόπει οὖν, ὅταν τοῦτο λέγῃς, ὅτι Ἐπιθυμῶ τῶν παρόντων, εἰ ἄλλο τι λέγεις ἢ τόδε, ὅτι Βούλομαι τὰ νῦν παρόντα καὶ εἰς τὸν ἔπειτα χρόνον παρεῖναι. ἄλλο τι ὁμολογοῖ ἄν; συμφάναι ἔφη τὸν Ἀγάθωνα.

εἰπεῖν δὴ τὸν Σωκράτη, Οὐκοῦν τοῦτό γ' ἐστὶν ἐκείνου ἐρᾶν, ὃ οὔπω ἕτοιμον αὐτῷ ἐστιν οὐδὲ ἔχει, τὸ εἰς τὸν ἔπειτα χρόνον ταῦτα εἶναι αὐτῷ σῳζόμενα καὶ παρόντα;

e Πάνυ γε, φάναι.

Καὶ οὗτος ἄρα καὶ ἄλλος πᾶς ὁ ἐπιθυμῶν τοῦ μὴ ἑτοίμου ἐπιθυμεῖ καὶ τοῦ μὴ παρόντος, καὶ ὃ μὴ ἔχει καὶ ὃ μή ἐστιν αὐτὸς καὶ οὗ ἐνδεής ἐστι, τοιαῦτ' ἄττα ἐστὶν ὧν ἡ ἐπιθυμία τε καὶ ὁ ἔρως ἐστίν;

Πάνυ γ', εἰπεῖν.

Ἴθι δή, φάναι τὸν Σωκράτη, ἀνομολογησώμεθα τὰ εἰρημένα. ἄλλο τί ἐστιν ὁ Ἔρως πρῶτον μὲν τινῶν, ἔπειτα τούτων ὧν ἂν ἔνδεια παρῇ αὐτῷ;

201 Ναί, φάναι.

does it strike you?

Agathon: Yes, it seems certain to me too.

Socrates: Quite right. So would a big man want to be big, or a strong man want to be strong?

Agathon: No, that's impossible, given what we have agreed so far.

Socrates: Because if he possesses these qualities, he cannot also lack them.

Agathon: True.

Socrates: So if a strong man wanted to be strong, or a fast runner to be fast, or a healthy man to be healthy — but perhaps I'd better explain what I'm on about. I'm a bit worried that you may think that people like this, people having these qualities, can also want the qualities which they possess. So I'm trying to remove this misapprehension. If you think about it, Agathon, people cannot avoid possession of whichever of these qualities they do possess, whether they like it or not. So obviously there's no point in desiring to do so. When anyone says, 'I'm in good health, and I also desire to be in good health', or 'I am rich & also desire to be rich', i.e. 'I desire those things which I already have', then we should answer him: 'what you want is to go on possessing, in the future, the wealth, health, or strength you possess now, since you have them now, like it or not. So when you say you desire what you've already got, are you sure you don't just mean you want to continue to possess in the future what you possess now?' Would he deny this?

Agathon: No, he would agree.

Socrates: But isn't this a question of desiring what he doesn't already have in his possession — i.e. the desire that what he does have should be safely & permanently available to him in the future?

Agathon: Yes, it is.

Socrates: So in this, or any other, situation, the man who desires

Ἐπὶ δὴ τούτοις ἀναμνήσθητι τίνων ἔφησθα ἐν τῷ λόγῳ εἶναι τὸν
Ἔρωτα· εἰ δὲ βούλει, ἐγώ σε ἀναμνήσω. οἶμαι γάρ σε οὑτωσί πως
εἰπεῖν, ὅτι τοῖς θεοῖς κατεσκευάσθη τὰ πράγματα δι' ἔρωτα καλ-
ῶν· αἰσχρῶν γὰρ οὐκ εἴη ἔρως. οὐχ οὑτωσί πως ἔλεγες;
Εἶπον γάρ, φάναι τὸν Ἀγάθωνα.

Καὶ ἐπιεικῶς γε λέγεις, ὦ ἑταῖρε, φάναι τὸν Σωκράτη· καὶ εἰ τοῦτο
οὕτως ἔχει, ἄλλο τι ὁ Ἔρως κάλλους ἂν εἴη ἔρως, αἴσχους δ' οὔ;
ὡμολόγει.

b Οὐκοῦν ὡμολόγηται, οὗ ἐνδεής ἐστι καὶ μὴ ἔχει, τούτου ἐρᾶν;
Ναί, εἰπεῖν.
Ἐνδεὴς ἄρ' ἐστὶ καὶ οὐκ ἔχει ὁ Ἔρως κάλλος.
Ἀνάγκη, φάναι.
Τί δέ; τὸ ἐνδεὲς κάλλους καὶ μηδαμῇ κεκτημένον κάλλος ἆρα λέγ-
εις σὺ καλὸν εἶναι;
Οὐ δῆτα.
Ἔτι οὖν ὁμολογεῖς Ἔρωτα καλὸν εἶναι, εἰ ταῦτα οὕτως ἔχει;
καὶ τὸν Ἀγάθωνα εἰπεῖν Κινδυνεύω, ὦ Σώκρατες, οὐδὲν εἰδέναι
ὧν τότε εἶπον.

c Καὶ μὴν καλῶς γε εἶπας, φάναι, ὦ Ἀγάθων. ἀλλὰ σμικρὸν ἔτι εἰπέ·
τἀγαθὰ οὐ καὶ καλὰ δοκεῖ σοι εἶναι;
Ἔμοιγε.
Εἰ ἄρα ὁ Ἔρως τῶν καλῶν ἐνδεής ἐστι, τὰ δὲ ἀγαθὰ καλά, κἂν
τῶν ἀγαθῶν ἐνδεὴς εἴη.
Ἐγώ, φάναι, ὦ Σώκρατες, σοὶ οὐκ ἂν δυναίμην ἀντιλέγειν, ἀλλ' οὕτ-
ως ἐχέτω ὡς σὺ λέγεις.
Οὐ μὲν οὖν τῇ ἀληθείᾳ, φάναι, ὦ φιλούμενε Ἀγάθων, δύνασαι ἀντι-
λέγειν, ἐπεὶ Σωκράτει γε οὐδὲν χαλεπόν.

d καὶ σὲ μέν γε ἤδη ἐάσω· τὸν δὲ λόγον τὸν περὶ τοῦ Ἔρωτος, ὃν
ποτ' ἤκουσα γυναικὸς Μαντινικῆς Διοτίμας, ἣ ταῦτά τε σοφὴ ἦν
καὶ ἄλλα πολλά (καὶ Ἀθηναίοις ποτὲ θυσαμένοις πρὸ τοῦ λοιμοῦ

desires what is not available to him

love of something of that love is w/out

something desires what is not available to him, and what he doesn't already have in his possession. And what he neither has nor himself is — that which he lacks — this is what he wants and desires.

Agathon: Absolutely.

Socrates: Right then, let's agree on the argument so far. Eros has an existence of his own; he is in the first place love of something, and secondly, he is love of that which he is without.

Agathon: Yes.

201

Socrates: Keeping that in mind, just recall what you said were the objects of Eros, in your speech. I'll remind you, if you like. I think what you said amounted to this: trouble among the gods was ended by their love of beauty, since there could be no love of what is ugly. Isn't that roughly what you said?

Agathon: Yes, it is.

Socrates: And a very reasonable statement, too, my friend. And this being so, Eros must have an existence as love of beauty, & not love of ugliness, mustn't he?

Agathon: Yes.

Socrates: But wasn't it agreed that he loves what he lacks, and does not possess?

b

Agathon: Yes, it was.

Socrates: So Eros lacks, and does not possess, beauty.

Agathon: That is the inevitable conclusion.

Socrates: Well then, do you describe as beautiful that which lacks beauty and has never acquired beauty?

Agathon: No.

Eros is not Beauty

Socrates: If that is so, do you still maintain that Eros is beautiful?

Agathon: I rather suspect, Socrates, that I didn't know what I was talking about.

Socrates: It sounded marvellous, for all that, Agathon. Just one other

c

δέκα ἔτη ἀναβολὴν ἐποίησε τῆς νόσου), ἣ δὴ καὶ ἐμὲ τὰ ἐρωτικὰ
ἐδίδαξεν, ὃν οὖν ἐκείνη ἔλεγε λόγον, πειράσομαι ὑμῖν διελθεῖν ἐκ
τῶν ὡμολογημένων ἐμοὶ καὶ ᾿Αγάθωνι, αὐτὸς ἐπ᾿ ἐμαυτοῦ, ὅπως
ἂν δύνωμαι. δεῖ δή, ὦ ᾿Αγάθων, ὥσπερ σὺ διηγήσω, διελθεῖν αὐτὸν
e   πρῶτον, τίς ἐστιν ὁ ῎Ερως καὶ ποῖός τις, ἔπειτα τὰ ἔργα αὐτοῦ.
δοκεῖ οὖν μοι ῥᾷστον εἶναι οὕτω διελθεῖν, ὥς ποτέ με ἡ ξένη ἀνα-
κρίνουσα διῄει. σχεδὸν γάρ τι καὶ ἐγὼ πρὸς αὐτὴν ἕτερα τοιαῦτα

ἔλεγον οἷάπερ νῦν πρὸς ἐμὲ ᾿Αγάθων, ὡς εἴη ὁ ῎Ερως μέγας θεός,
εἴη δὲ τῶν καλῶν· ἤλεγχε δή με τούτοις τοῖς λόγοις οἷσπερ ἐγὼ
τοῦτον, ὡς οὔτε καλὸς εἴη κατὰ τὸν ἐμὸν λόγον οὔτε ἀγαθός.
καὶ ἐγώ, Πῶς λέγεις, ἔφην, ὦ Διοτίμα; αἰσχρὸς ἄρα ὁ ῎Ερως ἐστὶ
καὶ κακός;

καὶ ἥ, Οὐκ εὐφημήσεις; ἔφη· ἢ οἴει, ὅτι ἂν μὴ καλὸν ᾖ, ἀναγκαῖον
αὐτὸ εἶναι αἰσχρόν;

202   Μάλιστά γε.

῍Η καὶ ἂν μὴ σοφόν, ἀμαθές; ἢ οὐκ ᾔσθησαι ὅτι ἐστίν τι μεταξὺ
σοφίας καὶ ἀμαθίας;

Τί τοῦτο;

Τὸ ὀρθὰ δοξάζειν καὶ ἄνευ τοῦ ἔχειν λόγον δοῦναι οὐκ οἶσθ᾿, ἔφη,
ὅτι οὔτε ἐπίστασθαί ἐστιν (ἄλογον γὰρ πρᾶγμα πῶς ἂν εἴη ἐπι-
στήμη;) οὔτε ἀμαθία (τὸ γὰρ τοῦ ὄντος τυγχάνον πῶς ἂν εἴη ἀ-
μαθία;)· ἔστι δὲ δήπου τοιοῦτον ἡ ὀρθὴ δόξα, μεταξὺ φρονήσεως
καὶ ἀμαθίας.

᾿Αληθῆ, ἦν δ᾿ ἐγώ, λέγεις.

small point. Would you agree that what is good is also beautiful?

Agathon: Yes, I would.

Socrates: So if Eros lacks beauty, and if what is good is beautiful, then Eros would lack what is good also.

Agathon: I can't argue with you, Socrates. Let's take it that it is as you say.

Socrates: What you mean, Agathon, my very good friend, is that you can't argue with the truth. Any fool can argue with Socrates. Anyway, I'll let you off for now, because I want to pass on to you the account of Eros which I once heard given by a woman called Diotima, from Mantinea. She was an expert on this subject, as on many others. In the days before the plague she came to the help of the Athenians in their sacrifices, & managed to gain them a ten-years' reprieve from the disease. She also taught me about love.   d

I'll start from the position on which Agathon & I reached agreement, and I'll give her account, as best I can, in my own words. So first I must explain, as you rightly laid down, Agathon, what Eros is   e and what he is like; then I must describe what he does. I think it'll be easiest for me to explain things as she explained them when she was questioning me, since I gave her pretty much the same answers Agathon has just been giving me. I said Eros was a great god, and a lover of beauty. Diotima proved to me, using the same argument by which I have just proved it to Agathon, that, according to my own argument, Eros was neither beautiful nor good.

'What do you mean, Diotima', I said, 'Is Eros then ugly or bad?'

'Careful what you say. Do you think what is not beautiful must necessarily be ugly?'

'Obviously.'   202

'And that what is not wise is ignorant? Don't you realise there is an intermediate state, between wisdom & ignorance?'

b   Μὴ τοίνυν ἀνάγκαζε ὃ μὴ καλόν ἐστιν αἰσχρὸν εἶναι, μηδὲ ὃ μὴ ἀγαθόν, κακόν. οὕτω δὲ καὶ τὸν Ἔρωτα ἐπειδὴ αὐτὸς ὁμολογεῖς

μὴ εἶναι ἀγαθὸν μηδὲ καλόν, μηδέν τι μᾶλλον οἴου δεῖν αὐτὸν αἰσχρὸν καὶ κακὸν εἶναι, ἀλλά τι μεταξύ, ἔφη, τούτοιν.

Καὶ μήν, ἦν δ' ἐγώ, ὁμολογεῖταί γε παρὰ πάντων μέγας θεὸς εἶναι.

Τῶν μὴ εἰδότων, ἔφη, πάντων λέγεις, ἢ καὶ τῶν εἰδότων;

Συμπάντων μὲν οὖν.

καὶ ἣ γελάσασα Καὶ πῶς ἄν, ἔφη, ὦ Σώκρατες, ὁμολογοῖτο μέγας
c   θεὸς εἶναι παρὰ τούτων, οἵ φασιν αὐτὸν οὐδὲ θεὸν εἶναι;

Τίνες οὗτοι; ἦν δ' ἐγώ.

Εἷς μέν, ἔφη, σύ, μία δ' ἐγώ.

κἀγὼ εἶπον, Πῶς τοῦτο, ἔφην, λέγεις;

καὶ ἥ, Ῥᾳδίως, ἔφη. λέγε γάρ μοι, οὐ πάντας θεοὺς φὴς εὐδαίμονας εἶναι καὶ καλούς; ἢ τολμήσαις ἄν τινα μὴ φάναι καλόν τε καὶ εὐδαίμονα θεῶν εἶναι;

Μὰ Δί' οὐκ ἔγωγ', ἔφην.

Εὐδαίμονας δὲ δὴ λέγεις οὐ τοὺς τἀγαθὰ καὶ τὰ καλὰ κεκτημένους;

Πάνυ γε.

'And what is that?'

'Think of someone who has a correct opinion, but can give no rational explanation of it. You wouldn't call this knowledge (how can something irrational be knowledge?), yet it isn't ignorance either, since an opinion which accords with reality cannot be ignorance. So correct opinion is the kind of thing we are looking for, between understanding and ignorance.'

'That's true.'

'So don't insist that what is not beautiful must necessarily be b ugly, nor that what is not good must be bad. The same thing is equally true of Eros; just because, as you yourself admit, he is not good or beautiful, you need not regard him as ugly & bad, but as something between these extremes.'

'Yet he is universally agreed to be a great god.'

'By those who don't know what they are talking about, do you mean? Or those who do?'

'I mean by absolutely everyone.'

Diotima laughed. 'How can Eros be agreed to be a great god by people who don't even admit that he's a god at all?' c

'What people?'

'Well, you, for one. And me, for another.'

'What do you mean?'

'Quite simple. The gods are all happy and beautiful, aren't they? You wouldn't go so far as to claim that any of the gods is not happy and beautiful?'

'Good Lord, no.'

'And you agree that 'happy' means 'possessing what is good & beautiful'?'

'Certainly.'

'But you have already admitted that Eros lacks what is good and d

d Ἀλλὰ μὴν Ἔρωτά γε ὡμολόγηκας δι' ἔνδειαν τῶν ἀγαθῶν καὶ καλ-
ῶν ἐπιθυμεῖν αὐτῶν τούτων ὧν ἐνδεής ἐστιν.

Ὡμολόγηκα γάρ.

Πῶς ἂν οὖν θεὸς εἴη ὅ γε τῶν καλῶν καὶ ἀγαθῶν ἄμοιρος;

Οὐδαμῶς, ὥς γ' ἔοικεν.

Ὁρᾷς οὖν, ἔφη, ὅτι καὶ σὺ Ἔρωτα οὐ θεὸν νομίζεις;

Τί οὖν ἄν, ἔφην, εἴη ὁ Ἔρως; θνητός;

Ἥκιστά γε.

Ἀλλὰ τί μήν;

Ὥσπερ τὰ πρότερα, ἔφη, μεταξὺ θνητοῦ καὶ ἀθανάτου.

Τί οὖν, ὦ Διοτίμα;

Δαίμων μέγας, ὦ Σώκρατες· καὶ γὰρ πᾶν τὸ δαιμόνιον μεταξύ
e ἐστι θεοῦ τε καὶ θνητοῦ.

Τίνα, ἦν δ' ἐγώ, δύναμιν ἔχον;

Ἑρμηνεῦον καὶ διαπορθμεῦον θεοῖς τὰ παρ' ἀνθρώπων καὶ ἀνθ-
ρώποις τὰ παρὰ θεῶν, τῶν μὲν τὰς δεήσεις καὶ θυσίας, τῶν δὲ
τὰς ἐπιτάξεις τε καὶ ἀμοιβὰς τῶν θυσιῶν, ἐν μέσῳ δὲ ὂν ἀμφοτέρ-
ων συμπληροῖ, ὥστε τὸ πᾶν αὐτὸ αὑτῷ συνδεδέσθαι. διὰ τούτου
καὶ ἡ μαντικὴ πᾶσα χωρεῖ καὶ ἡ τῶν ἱερέων τέχνη τῶν τε περὶ
203 τὰς θυσίας καὶ τελετὰς καὶ τὰς ἐπῳδὰς καὶ τὴν μαντείαν πᾶσαν
καὶ γοητείαν. θεὸς δὲ ἀνθρώπῳ οὐ μείγνυται, ἀλλὰ διὰ τούτου
πᾶσά ἐστιν ἡ ὁμιλία καὶ ἡ διάλεκτος θεοῖς πρὸς ἀνθρώπους, καὶ
ἐγρηγορόσι καὶ καθεύδουσι· καὶ ὁ μὲν περὶ τὰ τοιαῦτα σοφὸς
δαιμόνιος ἀνήρ, ὁ δὲ ἄλλο τι σοφὸς ὢν ἢ περὶ τέχνας ἢ χειρουργ-
ίας τινὰς βάναυσος. οὗτοι δὴ οἱ δαίμονες πολλοὶ καὶ παντοδαποί
εἰσιν, εἷς δὲ τούτων ἐστὶ καὶ ὁ Ἔρως.

Πατρὸς δέ, ἦν δ' ἐγώ, τίνος ἐστὶ καὶ μητρός;

b Μακρότερον μέν, ἔφη, διηγήσασθαι· ὅμως δέ σοι ἐρῶ. ὅτε γὰρ
ἐγένετο ἡ Ἀφροδίτη, ἡστιῶντο οἱ θεοὶ οἵ τε ἄλλοι καὶ ὁ τῆς Μήτ-
ιδος υἱὸς Πόρος. ἐπειδὴ δὲ ἐδείπνησαν, προσαιτήσουσα οἷον δὴ

beautiful, and that he desires them because he lacks them.'

'Yes, I have.'

'How can he be a god, then, if he is without beauty & goodness?'

'He can't, apparently.'

'You see, even you don't regard Eros as a god.'

'What can Eros be, then? A mortal?'

'Far from it.'

'What, then?'

'As in the other examples, something between a mortal and an immortal.'

'And what is that, Diotima?'

'A great spirit, Socrates. Spirits are midway between what is divine and what is human.'

e

'What power does such a spirit possess?'

'He acts as an interpreter and means of communication between gods and men. He takes requests & offerings to the gods, and brings back instructions and benefits in return. Occupying this middle position he plays a vital role in holding the world together. He is the medium of all prophecy and religion, whether it concerns sacrifice, forms of worship, incantations, or any kind of divination or sorcery. There is no direct contact between god & man. All association & communication between them, waking or sleeping, takes place through Eros. This kind of knowledge is knowledge of the spirit, any other knowledge (occupational or artistic, for example) is purely utilitarian. Such spirits are many and varied, and Eros is one of them.'

203

'Who are his parents?'

'That is not quite so simple, but I'll tell you, all the same. When Aphrodite was born, the gods held a banquet, at which one of the guests was Resource, the son of Ingenuity. When they finished eating, Poverty came begging, as you would expect (there being plenty of

b

εὐωχίας οὔσης ἀφίκετο ἡ Πενία, καὶ ἦν περὶ τὰς θύρας. ὁ οὖν Πόρος μεθυσθεὶς τοῦ νέκταρος — οἶνος γὰρ οὔπω ἦν — εἰς τὸν τοῦ Διὸς κῆπον εἰσελθὼν βεβαρημένος ηὗδεν. ἡ οὖν Πενία ἐπιβουλεύουσα διὰ τὴν αὑτῆς ἀπορίαν παιδίον ποιήσασθαι ἐκ τοῦ

c Πόρου, κατακλίνεταί τε παρ' αὐτῷ καὶ ἐκύησε τὸν Ἔρωτα. διὸ δὴ καὶ τῆς Ἀφροδίτης ἀκόλουθος καὶ θεράπων γέγονεν ὁ Ἔρως, γεννηθεὶς ἐν τοῖς ἐκείνης γενεθλίοις, καὶ ἅμα φύσει ἐραστὴς ὢν περὶ τὸ καλὸν καὶ τῆς Ἀφροδίτης καλῆς οὔσης. ἅτε οὖν Πόρου καὶ Πενίας υἱὸς ὢν ὁ Ἔρως ἐν τοιαύτῃ τύχῃ καθέστηκεν. πρῶτον μὲν πένης ἀεί ἐστι, καὶ πολλοῦ δεῖ ἁπαλός τε καὶ καλός, οἷον οἱ πολλοὶ οἴονται, ἀλλὰ σκληρὸς καὶ αὐχμηρὸς καὶ ἀνυπόδητος καὶ

d ἄοικος, χαμαιπετὴς ἀεὶ ὢν καὶ ἄστρωτος, ἐπὶ θύραις καὶ ἐν ὁδοῖς ὑπαίθριος κοιμώμενος, τὴν τῆς μητρὸς φύσιν ἔχων, ἀεὶ ἐνδείᾳ σύνοικος. κατὰ δὲ αὖ τὸν πατέρα ἐπίβουλός ἐστι τοῖς καλοῖς καὶ τοῖς ἀγαθοῖς, ἀνδρεῖος ὢν καὶ ἴτης καὶ σύντονος, θηρευτὴς δεινός, ἀεί τινας πλέκων μηχανάς, καὶ φρονήσεως ἐπιθυμητὴς καὶ πόριμος, φιλοσοφῶν διὰ παντὸς τοῦ βίου, δεινὸς γόης καὶ φαρμακεὺς καὶ

e σοφιστής· καὶ οὔτε ὡς ἀθάνατος πέφυκεν οὔτε ὡς θνητός, ἀλλὰ τοτὲ μὲν τῆς αὐτῆς ἡμέρας θάλλει τε καὶ ζῇ, ὅταν εὐπορήσῃ, τοτὲ δὲ ἀποθνῄσκει, πάλιν δὲ ἀναβιώσκεται διὰ τὴν τοῦ πατρὸς φύσιν, τὸ δὲ ποριζόμενον ἀεὶ ὑπεκρεῖ, ὥστε οὔτε ἀπορεῖ Ἔρως ποτὲ οὔτε πλουτεῖ, σοφίας τε αὖ καὶ ἀμαθίας ἐν μέσῳ ἐστίν. ἔχει

204 γὰρ ὧδε. θεῶν οὐδεὶς φιλοσοφεῖ οὐδ' ἐπιθυμεῖ σοφὸς γενέσθαι — ἔστι γάρ — οὐδ' εἴ τις ἄλλος σοφός, οὐ φιλοσοφεῖ. οὐδ' αὖ οἱ ἀμαθεῖς φιλοσοφοῦσιν οὐδ' ἐπιθυμοῦσι σοφοὶ γενέσθαι· αὐτὸ γὰρ τοῦτό ἐστι χαλεπὸν ἀμαθία, τὸ μὴ ὄντα καλὸν κἀγαθὸν μηδὲ φρόνιμον δοκεῖν αὑτῷ εἶναι ἱκανόν. οὔκουν ἐπιθυμεῖ ὁ μὴ οἰόμενος ἐνδεὴς εἶναι οὗ ἂν μὴ οἴηται ἐπιδεῖσθαι.

Τίνες οὖν, ἔφην ἐγώ, ὦ Διοτίμα, οἱ φιλοσοφοῦντες, εἰ μήτε οἱ σοφοὶ μήτε οἱ ἀμαθεῖς;

Poverty + Resource = Eros

food), and hung around the doorway. Resource was drunk (on nec-
tar, since wine hadn't been invented), so he went into Zeus' garden,
and was overcome by sleep. Poverty, seeing here the solution to her
own lack of resources, decided to have a child by him. So she lay
with him, and conceived Eros. That's why Eros is a follower & serv- c
ant of Aphrodite, because he was conceived at her birthday party –
and also because he is naturally attracted to what is beautiful, and
Aphrodite is beautiful.

So Eros' attributes are what you would expect of a child of Re-
source and Poverty. For a start, he's always poor, and so far from
being soft and beautiful (which is most people's view of him), he is
hard, unkempt, barefoot, homeless. He sleeps on the ground, with- d
out a bed, lying in doorways or in the open street. He has his
mother's nature, and need is his constant companion. On the other
hand, from his father he has inherited an eye for beauty and the good.
He is brave, enterprising and determined – a marvellous huntsman,
always intriguing. He is intellectual, resourceful, a lover of wisdom
his whole life through, a subtle magician, sorcerer and thinker.

His nature is neither that of an immortal nor that of a mortal. In e
one and the same day he can be alive and flourishing (when things go
well), then at death's door, later still reviving as his father's character
asserts itself again. But his resources are always running out, so that
Eros is never either totally destitute or affluent. Similarly he is mid-
way between wisdom and folly, as I will show you. None of the gods 204
searches for wisdom, or tries to become wise – they are wise already.
Nor does anyone else wise search for wisdom. On the other hand,
the foolish do not search for wisdom or try to become wise either,
since folly is precisely the failing which consists in not being fine and
good, or intelligent – and yet being quite satisfied with the way one
is. You cannot desire what you do not realise you lack.'

b Δῆλον δή, ἔφη, τοῦτό γε ἤδη καὶ παιδί, ὅτι οἱ μεταξὺ τούτων ἀμ-
φοτέρων, ὧν ἂν εἴη καὶ ὁ Ἔρως. ἔστιν γὰρ δὴ τῶν καλλίστων ἡ
σοφία, Ἔρως δ' ἐστὶν ἔρως περὶ τὸ καλόν, ὥστε ἀναγκαῖον Ἔρωτα
φιλόσοφον εἶναι, φιλόσοφον δὲ ὄντα μεταξὺ εἶναι σοφοῦ καὶ ἀμαθ-
οῦς. αἰτία δὲ αὐτῷ καὶ τούτων ἡ γένεσις· πατρὸς μὲν γὰρ σοφοῦ
ἐστι καὶ εὐπόρου, μητρὸς δὲ οὐ σοφῆς καὶ ἀπόρου. ἡ μὲν οὖν φύσις
τοῦ δαίμονος, ὦ φίλε Σώκρατες, αὕτη· ὃν δὲ σὺ ᾠήθης Ἔρωτα
c εἶναι, θαυμαστὸν οὐδὲν ἔπαθες. ᾠήθης δέ, ὡς ἐμοὶ δοκεῖ τεκμαιρ-
ομένη ἐξ ὧν σὺ λέγεις, τὸ ἐρώμενον Ἔρωτα εἶναι, οὐ τὸ ἐρῶν· διὰ
ταῦτά σοι οἶμαι πάγκαλος ἐφαίνετο ὁ Ἔρως. καὶ γὰρ ἔστι τὸ ἐρασ-
τὸν τὸ τῷ ὄντι καλὸν καὶ ἁβρὸν καὶ τέλεον καὶ μακαριστόν· τὸ δέ
γε ἐρῶν ἄλλην ἰδέαν τοιαύτην ἔχον, οἵαν ἐγὼ διῆλθον.
     καὶ ἐγὼ εἶπον, Εἶεν δή, ὦ ξένη, καλῶς γὰρ λέγεις· τοιοῦτος ὢν ὁ
Ἔρως τίνα χρείαν ἔχει τοῖς ἀνθρώποις;
d Τοῦτο δὴ μετὰ ταῦτ', ἔφη, ὦ Σώκρατες, πειράσομαί σε διδάξαι.
ἔστι μὲν γὰρ δὴ τοιοῦτος καὶ οὕτω γεγονὼς ὁ Ἔρως, ἔστι δὲ τῶν
καλῶν, ὡς σὺ φής. εἰ δέ τις ἡμᾶς ἔροιτο· Τί τῶν καλῶν ἐστιν ὁ
Ἔρως, ὦ Σώκρατές τε καὶ Διοτίμα; ὧδε δὲ σαφέστερον· ἐρᾷ ὁ ἐρ-
ῶν τῶν καλῶν· τί ἐρᾷ;
     καὶ ἐγὼ εἶπον ὅτι Γενέσθαι αὐτῷ.
     Ἀλλ' ἔτι ποθεῖ, ἔφη, ἡ ἀπόκρισις ἐρώτησιν τοιάνδε· τί ἔσται ἐκείνῳ
ᾧ ἂν γένηται τὰ καλά;
     οὐ πάνυ ἔφην ἔτι ἔχειν ἐγὼ πρὸς ταύτην τὴν ἐρώτησιν προχείρως
ἀποκρίνασθαι.
e Ἀλλ', ἔφη, ὥσπερ ἂν εἴ τις μεταβαλὼν ἀντὶ τοῦ καλοῦ τῷ ἀγαθῷ
χρώμενος πυνθάνοιτο· Φέρε, ὦ Σώκρατες, ἐρᾷ ὁ ἐρῶν τῶν ἀγαθ-
ῶν· τί ἐρᾷ;
     Γενέσθαι, ἦν δ' ἐγώ, αὐτῷ.
     Καὶ τί ἔσται ἐκείνῳ ᾧ ἂν γένηται τἀγαθά;
     Τοῦτ' εὐπορώτερον, ἦν δ' ἐγώ, ἔχω ἀποκρίνασθαι, ὅτι εὐδαίμων
ἔσται.

'Who then are the lovers of wisdom, Diotima, if they are neither the wise nor the foolish?'

'That should by now be obvious, even to a child. They must be the intermediate class, among them Eros. We would classify wisdom as very beautiful, & Eros is love of what is beautiful, so it necessarily follows that Eros is a lover of wisdom (lovers of wisdom being the intermediate class between the wise and the foolish). The reason for

this, too, is to be found in his parentage. His father is wise and re-sourceful, while his mother is foolish and resourceless.

Such is the nature of this spirit, Socrates. Your views on Eros revealed a quite common mistake. You thought (or so I infer from your comments) that Eros was what was loved, rather than the lover. That is why you thought Eros was beautiful. After all, what we love really *is* beautiful and delicate, perfect and delightful, whereas the lover has the quite different character I have outlined.'

'Fair enough, my foreign friend, I think you're right. But if that's what Eros is like, what use is he to men?'

'That's the next point I want to explain to you, Socrates. I've told you what Eros is like, and what his parentage is; he is also love of what is beautiful, as you say. Now let's imagine someone asking us, 'Why is Eros love of the beautiful, Socrates and Diotima?' Let me put it more clearly: what is it that the lover of beauty desires?'

'To possess it.'

'That prompts the further question, what good does it do some-one to possess beauty?'

'I don't quite know how to give a quick answer to that question.'

'Well, try a different question, about goodness rather than beauty: Socrates, what does the lover of goodness want?'

'To possess it.'

οὔτε ἐρᾶν καλοῦνται οὔτε ἐρασταί, οἱ δὲ κατὰ ἕν τι εἶδος ἰόντες
τε καὶ ἐσπουδακότες τὸ τοῦ ὅλου ὄνομα ἴσχουσιν, ἔρωτά τε καὶ
ἐρᾶν καὶ ἐρασταί.

Κινδυνεύεις ἀληθῆ, ἔφην ἐγώ, λέγειν.

e Καὶ λέγεται μέν γέ τις, ἔφη, λόγος, ὡς οἳ ἂν τὸ ἥμισυ ἑαυτῶν ζητ-
ῶσιν, οὗτοι ἐρῶσιν· ὁ δ' ἐμὸς λόγος οὔτε ἡμίσεός φησιν εἶναι τὸν
ἔρωτα οὔτε ὅλου, ἐὰν μὴ τυγχάνῃ γέ που, ὦ ἑταῖρε, ἀγαθὸν ὄν,
ἐπεὶ αὑτῶν γε καὶ πόδας καὶ χεῖρας ἐθέλουσιν ἀποτέμνεσθαι οἱ

ἄνθρωποι, ἐὰν αὑτοῖς δοκῇ τὰ ἑαυτῶν πονηρὰ εἶναι. οὐ γὰρ τὸ
ἑαυτῶν οἶμαι ἕκαστοι ἀσπάζονται, εἰ μὴ εἴ τις τὸ μὲν ἀγαθὸν οἰκ-
εῖον καλεῖ καὶ ἑαυτοῦ, τὸ δὲ κακὸν ἀλλότριον· ὡς οὐδέν γε ἄλλο
206 ἐστὶν οὗ ἐρῶσιν ἄνθρωποι ἢ τοῦ ἀγαθοῦ. ἢ σοὶ δοκοῦσιν;

Μὰ Δί' οὐκ ἔμοιγε, ἦν δ' ἐγώ.

Ἆρ' οὖν, ἦ δ' ἥ, οὕτως ἁπλοῦν ἐστι λέγειν ὅτι οἱ ἄνθρωποι τἀγαθ-
οῦ ἐρῶσιν;

Ναί, ἔφην.

Τί δέ; οὐ προσθετέον, ἔφη, ὅτι καὶ εἶναι τὸ ἀγαθὸν αὑτοῖς ἐρῶσιν;

Προσθετέον.

Ἆρ' οὖν, ἔφη, καὶ οὐ μόνον εἶναι, ἀλλὰ καὶ ἀεὶ εἶναι;

Καὶ τοῦτο προσθετέον.

Ἔστιν ἄρα συλλήβδην, ἔφη, ὁ ἔρως τοῦ τὸ ἀγαθὸν αὑτῷ εἶναι ἀεί.

Ἀληθέστατα, ἔφην ἐγώ, λέγεις.

b Ὅτε δὴ τοῦτο ὁ ἔρως ἐστὶν ἀεί, ἦ δ' ἥ, τῶν τίνα τρόπον διωκόντων
αὐτὸ καὶ ἐν τίνι πράξει ἡ σπουδὴ καὶ ἡ σύντασις ἔρως ἂν καλοῖτο;

'Well, it's the same with love. In general, for anyone, any desire   d
for goodness and happiness is love – and it is a powerful and unpre-
dictable force. But there are various ways of pursuing this desire –
through money-making, through physical fitness, through philoso-
phy – which do not entitle their devotees to call themselves lovers,
or describe their activity as loving. Those who pursue one particular
mode of loving, and make that their concern, have taken over the
name of the whole (love, loving and lovers).

'You may well be right.'

'There is a theory that lovers are people in search of their other
half. But according to my theory, love is not love of a half, nor of a   e
whole, unless it is good. After all, men are prepared to have their
own feet and hands cut off, if they think there's something wrong
with them. They're not particularly attached to what is their own,
except in so far as they regard the good as their own property, & evil
as alien to them. And that's because the good is the only object of   206
human love, as I think you will agree.'

'Yes, I certainly do agree.'

'Can we say, then, quite simply, that men love the good?'

'Yes.'

'And presumably we should add that they want to possess the
good?'

'Yes, we should.'

'And not merely to possess it, but to possess it for ever.'

'That also.'

'In short, then, love is the desire for permanent possession of the
good.'

'Precisely.'

'If this is always the object of our desire, what is the particular   b
manner of pursuit, and the particular sphere of activity, in which en-

τί τοῦτο τυγχάνει ὂν τὸ ἔργον; ἔχεις εἰπεῖν;

Οὐ μεντἂν σέ, ἔφην ἐγώ, ὦ Διοτίμα, ἐθαύμαζον ἐπὶ σοφίᾳ καὶ ἐφοίτων παρὰ σὲ αὐτὰ ταῦτα μαθησόμενος.

Ἀλλὰ ἐγώ σοι, ἔφη, ἐρῶ. ἔστι γὰρ τοῦτο τόκος ἐν καλῷ καὶ κατὰ τὸ σῶμα καὶ κατὰ τὴν ψυχήν.

Μαντείας, ἦν δ' ἐγώ, δεῖται ὅτι ποτε λέγεις, καὶ οὐ μανθάνω.

c   Ἀλλ' ἐγώ, ἦ δ' ἥ, σαφέστερον ἐρῶ. κυοῦσιν γάρ, ἔφη, ὦ Σώκρατες, πάντες ἄνθρωποι καὶ κατὰ τὸ σῶμα καὶ κατὰ τὴν ψυχήν, καὶ ἐπ-ειδὰν ἔν τινι ἡλικίᾳ γένωνται, τίκτειν ἐπιθυμεῖ ἡμῶν ἡ φύσις. τίκτειν δὲ ἐν μὲν αἰσχρῷ οὐ δύναται, ἐν δὲ τῷ καλῷ. ἡ γὰρ ἀνδρὸς καὶ γυναικὸς συνουσία τόκος ἐστίν. ἔστι δὲ τοῦτο θεῖον τὸ πρᾶγμα, καὶ τοῦτο ἐν θνητῷ ὄντι τῷ ζῴῳ ἀθάνατον ἔνεστιν, ἡ κύησις καὶ ἡ γέννησις. τὰ δὲ ἐν τῷ ἀναρμόστῳ ἀδύνατον γενέσθαι. ἀνάρμ-

d   οστον δ' ἐστὶ τὸ αἰσχρὸν παντὶ τῷ θείῳ, τὸ δὲ καλὸν ἁρμόττον. Μοῖρα οὖν καὶ Εἰλείθυια ἡ Καλλονή ἐστι τῇ γενέσει. διὰ ταῦτα ὅταν μὲν καλῷ προσπελάζῃ τὸ κυοῦν, ἵλεών τε γίγνεται καὶ εὐ-φραινόμενον διαχεῖται καὶ τίκτει τε καὶ γεννᾷ· ὅταν δὲ αἰσχρῷ, σκυθρωπόν τε καὶ λυπούμενον συσπειρᾶται καὶ ἀποτρέπεται καὶ ἀνείλλεται καὶ οὐ γεννᾷ, ἀλλὰ ἴσχον τὸ κύημα χαλεπῶς φέρει. ὅθεν δὴ τῷ κυοῦντί τε καὶ ἤδη σπαργῶντι πολλὴ ἡ πτοίησις γέ-

e   γονε περὶ τὸ καλὸν διὰ τὸ μεγάλης ὠδῖνος ἀπολύειν τὸν ἔχοντα. ἔστιν γάρ, ὦ Σώκρατες, ἔφη, οὐ τοῦ καλοῦ ὁ ἔρως, ὡς σὺ οἴει.

Ἀλλὰ τί μήν;

Τῆς γεννήσεως καὶ τοῦ τόκου ἐν τῷ καλῷ.

Εἶεν, ἦν δ' ἐγώ.

Πάνυ μὲν οὖν, ἔφη. τί δὴ οὖν τῆς γεννήσεως; ὅτι ἀειγενές ἐστι καὶ ἀθάνατον ὡς θνητῷ ἡ γέννησις. ἀθανασίας δὲ ἀναγκαῖον ἐπιθυμ-

207   εῖν μετὰ ἀγαθοῦ ἐκ τῶν ὡμολογημένων, εἴπερ τοῦ ἀγαθοῦ ἑαυτῷ εἶναι ἀεὶ ἔρως ἐστίν. ἀναγκαῖον δὴ ἐκ τούτου τοῦ λόγου καὶ τῆς ἀθανασίας τὸν ἔρωτα εἶναι.

thusiasm & effort qualify for the title 'love'? What is this activity? Do you know?'

'No, I don't. That's why I find your knowledge so impressive. In fact, I've kept coming to see you, because I want an answer to just that question.'

'Very well, I'll tell you. The activity we're talking about is the use of what is beautiful for the purpose of reproduction, whether physical or mental.'

'I'm no good at riddles. I don't understand what you mean.'

'I'll try to make myself clearer. Reproduction, Socrates, both c physical and mental, is a universal human activity. At a certain age our nature desires to give birth. To do so, it cannot employ an ugly medium, but insists on what is beautiful. Sexual intercourse between man and woman is this reproduction. So there is the divine element, this germ of immortality, in mortal creatures – i.e. conception and be-getting. These cannot take place in an uncongenial medium, and ugliness is uncongenial to everything divine, while beauty is congen- d ial. Therefore procreation has Beauty as its midwife and its destiny, which is why the urge to reproduce becomes gentle and happy when it comes near beauty: then conception & begetting become possible. By contrast, when it comes near ugliness it becomes sullen and offended, it contracts, withdraws, and shrinks away and does not beget. It stifles the reproductive urge, and is frustrated. So in anyone who is keen (one might almost say bursting) to reproduce, beauty arouses violent emotion, because beauty can release its possessor from the agony of reproduction. Your opinion, Socrates, that love is e desire for beauty, is mistaken.'

'What is the correct view, then?'

ταῦτά τε οὖν πάντα ἐδίδασκέ με, ὁπότε περὶ τῶν ἐρωτικῶν λόγους ποιοῖτο, καί ποτε ἤρετο Τί οἴει, ὦ Σώκρατες, αἴτιον εἶναι τούτου τοῦ ἔρωτος καὶ τῆς ἐπιθυμίας; ἢ οὐκ αἰσθάνῃ ὡς δεινῶς διατίθεται πάντα τὰ θηρία ἐπειδὰν γεννᾶν ἐπιθυμήσῃ, καὶ τὰ πεζὰ καὶ τὰ
b πτηνά, νοσοῦντά τε πάντα καὶ ἐρωτικῶς διατιθέμενα, πρῶτον μὲν περὶ τὸ συμμιγῆναι ἀλλήλοις, ἔπειτα περὶ τὴν τροφὴν τοῦ γενομένου, καὶ ἕτοιμά ἐστιν ὑπὲρ τούτων καὶ διαμάχεσθαι τὰ ἀσθενέστατα τοῖς ἰσχυροτάτοις καὶ ὑπεραποθνήσκειν, καὶ αὐτὰ τῷ λιμῷ παρατεινόμενα ὥστ᾽ ἐκεῖνα ἐκτρέφειν, καὶ ἄλλο πᾶν ποιοῦντα. τοὺς μὲν γὰρ ἀνθρώπους, ἔφη, οἴοιτ᾽ ἄν τις ἐκ λογισμοῦ ταῦτα ποι-
c εῖν· τὰ δὲ θηρία τίς ἡ αἰτία οὕτως ἐρωτικῶς διατίθεσθαι; ἔχεις λέγειν; καὶ ἐγὼ αὖ ἔλεγον ὅτι οὐκ εἰδείην· ἢ δ᾽ εἶπεν, Διανοῇ οὖν δεινός ποτε γενήσεσθαι τὰ ἐρωτικά, ἐὰν ταῦτα μὴ ἐννοῇς;
Ἀλλὰ διὰ ταῦτά τοι, ὦ Διοτίμα, ὅπερ νυνδὴ εἶπον, παρὰ σὲ ἥκω, γνοὺς ὅτι διδασκάλων δέομαι. ἀλλά μοι λέγε καὶ τούτων τὴν αἰτίαν καὶ τῶν ἄλλων τῶν περὶ τὰ ἐρωτικά.
Εἰ τοίνυν, ἔφη, πιστεύεις ἐκείνου εἶναι φύσει τὸν ἔρωτα, οὗ πολλάκις ὡμολογήκαμεν, μὴ θαύμαζε. ἐνταῦθα γὰρ τὸν αὐτὸν ἐκείνῳ
d λόγον ἡ θνητὴ φύσις ζητεῖ κατὰ τὸ δυνατὸν ἀεί τε εἶναι καὶ ἀθάνατος. δύναται δὲ ταύτῃ μόνον, τῇ γενέσει, ὅτι ἀεὶ καταλείπει ἕτερον νέον ἀντὶ τοῦ παλαιοῦ, ἐπεὶ καὶ ἐν ᾧ ἓν ἕκαστον τῶν ζῴων ζῆν καλεῖται καὶ εἶναι τὸ αὐτό — οἷον ἐκ παιδαρίου ὁ αὐτὸς λέγεται ἕως ἂν πρεσβύτης γένηται· οὗτος μέντοι οὐδέποτε τὰ αὐτὰ ἔχων ἐν αὑτῷ ὅμως ὁ αὐτὸς καλεῖται, ἀλλὰ νέος ἀεὶ γιγνόμενος, τὰ δὲ ἀπολλύς, καὶ κατὰ τὰς τρίχας καὶ σάρκα καὶ ὀστᾶ καὶ αἷμα καὶ
e σύμπαν τὸ σῶμα. καὶ μὴ ὅτι κατὰ τὸ σῶμα, ἀλλὰ καὶ κατὰ τὴν ψυχὴν οἱ τρόποι, τὰ ἤθη, δόξαι, ἐπιθυμίαι, ἡδοναί, λῦπαι, φόβοι, τούτων ἕκαστα οὐδέποτε τὰ αὐτὰ πάρεστιν ἑκάστῳ, ἀλλὰ τὰ μὲν γίγνεται, τὰ δὲ ἀπόλλυται. πολὺ δὲ τούτων ἀτοπώτερον ἔτι,
208 ὅτι καὶ αἱ ἐπιστῆμαι μὴ ὅτι αἱ μὲν γίγνονται, αἱ δὲ ἀπόλλυνται ἡμῖν,

to desire to use beauty to get offspring

'It is the desire to use beauty to beget and bear offspring.'

'Perhaps.'

'Certainly! And why to beget? Because begetting is, by human standards, something eternal and undying. So if we were right in describing love as the desire always to possess the good, then the inevitable conclusion is that we desire immortality as well as goodness. On this argument, love must be desire for immortality as much as for beauty.'

Those were her teachings, when she talked to me about love. And one day she asked me, 'What do you think is the reason for this love and this desire? You know how strangely animals behave when they want to mate. Animals and birds, they're just the same. Their health suffers, and they get all worked up, first over sexual intercourse, and then over raising the young. For these ends they will fight, to the death, against far stronger opponents. They will go to any lengths, even starve themselves, to bring up their offspring. We can easily imagine human beings behaving like this from rational motives, but what can be the cause of such altruistic behaviour in animals? Do you know?'

'No, I don't.'

'Do you think you can become an expert on love without knowing?'

'Look, Diotima, I know I have a lot to learn. I've just admitted that. That's why I've come to you. So please tell me the cause of these phenomena, and anything else I should know about love.'

'Well, if you believe that the natural object of love is what we have often agreed it to be, then the answer is not surprising, since the same reasoning still holds good. What is mortal tries, to the best of its ability, to be everlasting and immortal. It does this in the only way it can, by always leaving a successor to replace what decays. Think of

καὶ οὐδέποτε οἱ αὐτοί ἐσμεν οὐδὲ κατὰ τὰς ἐπιστήμας, ἀλλὰ καὶ
μία ἑκάστη τῶν ἐπιστημῶν ταὐτὸν πάσχει. ὃ γὰρ καλεῖται μελετᾶν,
ὡς ἐξιούσης ἐστὶ τῆς ἐπιστήμης· λήθη γὰρ ἐπιστήμης ἔξοδος, μελ-
έτη δὲ πάλιν καινὴν ἐμποιοῦσα ἀντὶ τῆς ἀπιούσης μνήμην σῴζει

τὴν ἐπιστήμην, ὥστε τὴν αὐτὴν δοκεῖν εἶναι. τούτῳ γὰρ τῷ τρόπῳ
πᾶν τὸ θνητὸν σῴζεται, οὐ τῷ παντάπασιν τὸ αὐτὸ ἀεὶ εἶναι ὥσ-
περ τὸ θεῖον, ἀλλὰ τῷ τὸ ἀπιὸν καὶ παλαιούμενον ἕτερον νέον
ἐγκαταλείπειν οἷον αὐτὸ ἦν. ταύτῃ τῇ μηχανῇ, ὦ Σώκρατες, ἔφη,
θνητὸν ἀθανασίας μετέχει, καὶ σῶμα καὶ τἆλλα πάντα· ἀθάνατον
δὲ ἄλλῃ. μὴ οὖν θαύμαζε εἰ τὸ αὑτοῦ ἀποβλάστημα φύσει πᾶν
τιμᾷ· ἀθανασίας γὰρ χάριν παντὶ αὕτη ἡ σπουδὴ καὶ ὁ ἔρως ἕπ-
εται.

κ̓αὶ ἐγὼ ἀκούσας τὸν λόγον ἐθαύμασά τε καὶ εἶπον Εἶεν, ἦν δ' ἐγώ,
ὦ σοφωτάτη Διοτίμα, ταῦτα ὡς ἀληθῶς οὕτως ἔχει;

καὶ ἥ, ὥσπερ οἱ τέλεοι σοφισταί, Εὖ ἴσθι, ἔφη, ὦ Σώκρατες· ἐπεί γε
καὶ τῶν ἀνθρώπων εἰ ἐθέλεις εἰς τὴν φιλοτιμίαν βλέψαι, θαυμάζ-
οις ἂν τῆς ἀλογίας περὶ ἃ ἐγὼ εἴρηκα εἰ μὴ ἐννοεῖς, ἐνθυμηθεὶς
ὡς δεινῶς διάκεινται ἔρωτι τοῦ ὀνομαστοὶ γενέσθαι καὶ κλέος ἐς
τὸν ἀεὶ χρόνον ἀθάνατον καταθέσθαι, καὶ ὑπὲρ τούτου κιν-
δύνους τε κινδυνεύειν ἕτοιμοί εἰσι πάντας ἔτι μᾶλλον ἢ ὑπὲρ τῶν

what we call the life-span and identity of an individual creature. For example, a man is said to be the same individual from childhood until old age. The cells in his body are always changing, yet he is still called the same person, despite being perpetually reconstituted as parts of him decay – hair, flesh, bones, blood, his whole body, in fact. And not just his body, either. Precisely the same happens with mental attributes. Habits, dispositions, beliefs, opinions, desires, pleasures, pains and fears are all varying all the time for everyone. Some disappear, others take their place. And when we come to knowledge, the situation is even odder. It is not just a question of one piece of knowledge disappearing and being replaced by another, so that we are never the same people, as far as knowledge goes: the same thing happens with each individual piece of knowledge. What we call studying presupposes that knowledge is transient. Forgetting is loss of knowledge, and studying preserves knowledge by creating memory afresh in us, to replace what is lost. Hence we have the illusion of continuing knowledge.

All continuous mortal existence is of this kind. It is not the case that creatures remain always, in every detail, precisely the same – only the divine does that. It is rather that what is lost, and what decays, always leaves behind a fresh copy of itself. This, Socrates, is the mechanism by which mortal creatures can taste immortality – both physical immortality, and other sorts. (For immortals, of course, it's different). So it's not surprising that everything naturally values its own offspring. They all feel this concern, and this love, because of their desire for immortality.'

I found these ideas totally novel, and I said, 'Well, Diotima, that's a very clever explanation. Is it really all true?' And she, in her best lecturer's manner, replied, 'There can be no question of it. Take another human characteristic, ambition. It seems absurdly irrational

d παίδων, καὶ χρήματα ἀναλίσκειν καὶ πόνους πονεῖν οὑστινασοῦν
καὶ ὑπεραποθνήσκειν. ἐπεὶ οἴει σύ, ἔφη, Ἄλκηστιν ὑπὲρ Ἀδμήτου
ἀποθανεῖν ἄν, ἢ Ἀχιλλέα Πατρόκλῳ ἐπαποθανεῖν, ἢ προαποθαν-
εῖν τὸν ὑμέτερον Κόδρον ὑπὲρ τῆς βασιλείας τῶν παίδων, μὴ οἰ-
ομένους ἀθάνατον μνήμην ἀρετῆς πέρι ἑαυτῶν ἔσεσθαι, ἣν νῦν
ἡμεῖς ἔχομεν; πολλοῦ γε δεῖ, ἔφη, ἀλλ' οἶμαι ὑπὲρ ἀρετῆς ἀθανά-
του καὶ τοιαύτης δόξης εὐκλεοῦς πάντες πάντα ποιοῦσιν, ὅσῳ ἂν
e ἀμείνους ὦσι, τοσούτῳ μᾶλλον· τοῦ γὰρ ἀθανάτου ἐρῶσιν. οἱ μὲν
οὖν ἐγκύμονες, ἔφη, κατὰ τὰ σώματα ὄντες πρὸς τὰς γυναῖκας
μᾶλλον τρέπονται καὶ ταύτῃ ἐρωτικοί εἰσιν, διὰ παιδογονίας ἀθαν-
ασίαν καὶ μνήμην καὶ εὐδαιμονίαν, ὡς οἴονται, αὑτοῖς εἰς τὸν ἔπειτα
χρόνον πάντα ποριζόμενοι· οἱ δὲ κατὰ τὴν ψυχήν — εἰσὶ γὰρ οὖν,
209 ἔφη, οἳ ἐν ταῖς ψυχαῖς κυοῦσιν ἔτι μᾶλλον ἢ ἐν τοῖς σώμασιν, ἃ
ψυχῇ προσήκει καὶ κυῆσαι καὶ τεκεῖν. τί οὖν προσήκει; φρόνησίν
τε καὶ τὴν ἄλλην ἀρετήν· ὧν δή εἰσι καὶ οἱ ποιηταὶ πάντες γεννή-
τορες καὶ τῶν δημιουργῶν ὅσοι λέγονται εὑρετικοὶ εἶναι. πολὺ δὲ
μεγίστη, ἔφη, καὶ καλλίστη τῆς φρονήσεως ἡ περὶ τὰ τῶν πόλεών
τε καὶ οἰκήσεων διακόσμησις, ᾗ δὴ ὄνομά ἐστι σωφροσύνη τε καὶ
δικαιοσύνη. τούτων δ' αὖ ὅταν τις ἐκ νέου ἐγκύμων ᾖ τὴν ψυχήν,
b ᾔθεος ὢν καὶ ἡκούσης τῆς ἡλικίας τίκτειν τε καὶ γεννᾶν ἤδη ἐπι-
θυμεῖ. ζητεῖ δὴ οἶμαι καὶ οὗτος περιιὼν τὸ καλὸν ἐν ᾧ ἂν γεννήσειεν·
ἐν τῷ γὰρ αἰσχρῷ οὐδέποτε γεννήσει. τά τε οὖν σώματα τὰ καλὰ
μᾶλλον ἢ τὰ αἰσχρὰ ἀσπάζεται ἅτε κυῶν, καὶ ἂν ἐντύχῃ ψυχῇ
καλῇ καὶ γενναίᾳ καὶ εὐφυεῖ, πάνυ δὴ ἀσπάζεται τὸ συναμφότερον,
καὶ πρὸς τοῦτον τὸν ἄνθρωπον εὐθὺς εὐπορεῖ λόγων περὶ ἀρετῆς
c καὶ περὶ οἷον χρὴ εἶναι τὸν ἄνδρα τὸν ἀγαθὸν καὶ ἃ ἐπιτηδεύειν,
καὶ ἐπιχειρεῖ παιδεύειν. ἁπτόμενος γὰρ οἶμαι τοῦ καλοῦ καὶ ὁμιλ-
ῶν αὐτῷ, ἃ πάλαι ἐκύει τίκτει καὶ γεννᾷ, καὶ παρὼν καὶ ἀπὼν με-
μνημένος, καὶ τὸ γεννηθὲν συνεκτρέφει κοινῇ μετ' ἐκείνου, ὥστε
πολὺ μείζω κοινωνίαν τῆς τῶν παίδων πρὸς ἀλλήλους οἱ τοιοῦτοι

until you remember my explanation. Think of the extraordinary behaviour of those who, prompted by Eros, are eager to become famous, and 'amass undying fame for the whole of time to come.' For this they will expose themselves to danger even more than they will for their children. They will spend money, endure any hardship, even die for it. Think of Alcestis' willingness to die for Admetus, or Achilles' determination to follow Patroclus in death, or your Athenian king Codrus and his readiness to give up his life for his children's right to rule. Would they have done these things if they hadn't thought they were leaving behind them an undying memory – which we still possess – of their courage? Of course not. The desire for undying nobility, & the good reputation which goes with it, is a universal human motive. The nobler people are, the more strongly they feel it. They desire immortality.

Those whose creative urge is physical tend to turn to women, & pursue Eros by this route. The production of children gains them, as they imagine, immortality and a name and happiness for themselves, for all time. In others the impulse is mental or spiritual – people who are creative mentally, much more than physically. They produce what you would expect the mind to conceive and produce. And what is that? Thought, and all other human excellence. All poets are creators of this kind, & so are those artists who are generally regarded as inventive. However, under the general heading 'thought', by far the finest and most important item is the art of political and domestic economy, what we call good judgment, and justice.

Someone who, right from his youth, is mentally creative in these areas, when he is ready, and the time comes, feels a strong urge to give birth, or beget. So he goes around, like everyone else, searching, as I see it, for a medium of beauty in which he can create. He will never create in an ugly medium. So in his desire to create he is attracted to

ἴσχουσι καὶ φιλίαν βεβαιοτέραν, ἅτε καλλιόνων καὶ ἀθανατωτέρ-
ων παίδων κεκοινωνηκότες. καὶ πᾶς ἂν δέξαιτο ἑαυτῷ τοιούτους

d παῖδας μᾶλλον γεγονέναι ἢ τοὺς ἀνθρωπίνους, καὶ εἰς Ὅμηρον
ἀποβλέψας καὶ Ἡσίοδον καὶ τοὺς ἄλλους ποιητὰς τοὺς ἀγαθοὺς

ζηλῶν, οἷα ἔκγονα ἑαυτῶν καταλείπουσιν, & ἐκείνοις ἀθάνατον
κλέος καὶ μνήμην παρέχεται αὐτὰ τοιαῦτα ὄντα· εἰ δὲ βούλει, ἔφη,
οἵους Λυκοῦργος παῖδας κατελίπετο ἐν Λακεδαίμονι σωτῆρας
τῆς Λακεδαίμονος καὶ ὡς ἔπος εἰπεῖν τῆς Ἑλλάδος. τίμιος δὲ παρ'
ὑμῖν καὶ Σόλων διὰ τὴν τῶν νόμων γέννησιν, καὶ ἄλλοι ἄλλοθι

e πολλαχοῦ ἄνδρες, καὶ ἐν Ἕλλησι καὶ ἐν βαρβάροις, πολλὰ καὶ
καλὰ ἀποφηνάμενοι ἔργα, γεννήσαντες παντοίαν ἀρετήν· ὧν καὶ
ἱερὰ πολλὰ ἤδη γέγονε διὰ τοὺς τοιούτους παῖδας, διὰ δὲ τοὺς
ἀνθρωπίνους οὐδενός πω.

ταῦτα μὲν οὖν τὰ ἐρωτικὰ ἴσως, ὦ Σώκρατες, κἂν σὺ μυηθείης· τὰ

210 δὲ τέλεα καὶ ἐποπτικά, ὧν ἕνεκα καὶ ταῦτα ἔστιν, ἐάν τις ὀρθῶς
μετίῃ, οὐκ οἶδ' εἰ οἷός τ' ἂν εἴης. ἐρῶ μὲν οὖν, ἔφη, ἐγὼ καὶ προ-
θυμίας οὐδὲν ἀπολείψω· πειρῶ δὲ ἕπεσθαι, ἂν οἷός τε ᾖς. δεῖ γὰρ
ἔφη, τὸν ὀρθῶς ἰόντα ἐπὶ τοῦτο τὸ πρᾶγμα ἄρχεσθαι μὲν νέον
ὄντα ἰέναι ἐπὶ τὰ καλὰ σώματα, καὶ πρῶτον μέν, ἐὰν ὀρθῶς ἡγῆ-
ται ὁ ἡγούμενος, ἑνὸς αὐτὸν σώματος ἐρᾶν καὶ ἐνταῦθα γεννᾶ·

what is physically beautiful rather than ugly. But if he comes across a beautiful, noble, well-formed mind, then he finds the combination particularly attractive. He'll drop everything & embark on long conversations about goodness, with such a companion, trying to teach him about the nature & behaviour of the good man. Now that he's made contact with someone beautiful, and made friends with him, he can produce and bring to birth what he long ago conceived. Present or absent, he keeps it in mind, and joins with his friends in bringing his conception to maturity. In consequence such people have a far stronger bond between them than there is between the parents of children; and they form much firmer friendships, because they are jointly responsible for finer, & more lasting, offspring.

We would all choose children of this kind for ourselves, rather than human children. We look with envy at Homer & Hesiod, and the other great poets, and the marvellous progeny they left behind, which have brought them undying fame and memory: or, if you like, at children of the kind which Lycurgus left in Sparta, the salvation of Sparta & practically all Greece. In your city, Solon is highly thought of, as the father of your laws, as are many other men in other states, both Greek and foreign. They have published to the world a variety of noble achievements, and created goodness of every kind. There are shrines to such people in honour of their offspring, but none to the producers of ordinary children.

You, too, Socrates, could probably be initiated this far into knowledge of Eros. But all this, rightly pursued, is a mere preliminary to the full rites, and final revelation, which might well be beyond you. Still, I'll tell you about it, so that if I fail, it won't be for want of trying. Try to follow, if you can.

The true follower of this subject must begin, as a young man, with the pursuit of physical beauty. In the first place, if his mentor

λόγους καλούς, ἔπειτα δὲ αὐτὸν κατανοῆσαι ὅτι τὸ κάλλος τὸ
b ἐπὶ ὁτῳοῦν σώματι τῷ ἐπὶ ἑτέρῳ σώματι ἀδελφόν ἐστι, καὶ εἰ δεῖ
διώκειν τὸ ἐπ' εἴδει καλόν, πολλὴ ἄνοια μὴ οὐχ ἕν τε καὶ ταὐτὸν
ἡγεῖσθαι τὸ ἐπὶ πᾶσιν τοῖς σώμασι κάλλος· τοῦτο δ' ἐννοήσαντα

καταστῆναι πάντων τῶν καλῶν σωμάτων ἐραστήν, ἑνὸς δὲ τὸ
σφόδρα τοῦτο χαλάσαι καταφρονήσαντα καὶ σμικρὸν ἡγησάμ-
ενον· μετὰ δὲ ταῦτα τὸ ἐν ταῖς ψυχαῖς κάλλος τιμιώτερον ἡγήσ-
ασθαι τοῦ ἐν τῷ σώματι, ὥστε καὶ ἐὰν ἐπιεικὴς ὢν τὴν ψυχήν τις
c κἂν σμικρὸν ἄνθος ἔχῃ, ἐξαρκεῖν αὐτῷ καὶ ἐρᾶν καὶ κήδεσθαι καὶ
τίκτειν λόγους τοιούτους οἵτινες ποιήσουσι βελτίους τοὺς νέους,
ἵνα ἀναγκασθῇ αὖ θεάσασθαι τὸ ἐν τοῖς ἐπιτηδεύμασι καὶ τοῖς
νόμοις καλὸν καὶ τοῦτ' ἰδεῖν ὅτι πᾶν αὐτὸ αὑτῷ συγγενές ἐστιν,
ἵνα τὸ περὶ τὸ σῶμα καλὸν σμικρόν τι ἡγήσηται εἶναι· μετὰ δὲ τὰ
ἐπιτηδεύματα ἐπὶ τὰς ἐπιστήμας ἀγαγεῖν, ἵνα ἴδῃ αὖ ἐπιστημῶν
d κάλλος, καὶ βλέπων πρὸς πολὺ ἤδη τὸ καλὸν μηκέτι τὸ παρ' ἑνί,
ὥσπερ οἰκέτης, ἀγαπῶν παιδαρίου κάλλος ἢ ἀνθρώπου τινὸς ἢ
ἐπιτηδεύματος ἑνός, δουλεύων φαῦλος ᾖ καὶ σμικρολόγος, ἀλλ'
ἐπὶ τὸ πολὺ πέλαγος τετραμμένος τοῦ καλοῦ καὶ θεωρῶν πολλ-
οὺς καὶ καλοὺς λόγους καὶ μεγαλοπρεπεῖς τίκτῃ καὶ διανοήματα
ἐν φιλοσοφίᾳ ἀφθόνῳ, ἕως ἂν ἐνταῦθα ῥωσθεὶς καὶ αὐξηθεὶς κατ-
ίδῃ τινὰ ἐπιστήμην μίαν τοιαύτην, ἥ ἐστι καλοῦ τοιοῦδε. πειρῶ δέ
e μοι, ἔφη, τὸν νοῦν προσέχειν ὡς οἷόν τε μάλιστα. ὃς γὰρ ἂν μέχρι
ἐνταῦθα πρὸς τὰ ἐρωτικὰ παιδαγωγηθῇ, θεώμενος ἐφεξῆς τε καὶ
ὀρθῶς τὰ καλά, πρὸς τέλος ἤδη ἰὼν τῶν ἐρωτικῶν ἐξαίφνης κατ-
όψεταί τι θαυμαστὸν τὴν φύσιν καλόν, τοῦτο ἐκεῖνο, ὦ Σώκρατες,
οὗ δὴ ἕνεκεν καὶ οἱ ἔμπροσθεν πάντες πόνοι ἦσαν, πρῶτον μὲν ἀεὶ

advises him properly, he should be attracted, physically, to one individual; at this stage his offspring are beautiful discussions & conversations. Next he should realise that the physical beauty of one body is akin to that of any other body, and that if he's going to pursue beauty of appearance, it's the height of folly not to regard the beauty which is in all bodies as one and the same. This insight will convert him into a lover of all physical beauty, and he will become less obsessive in his pursuit of his one former passion, as he realises its unimportance.

The next stage is to put a higher value on mental than on physical beauty. The right qualities of mind, even in the absence of any great physical beauty, will be enough to awaken his love & affection. He will generate the kind of discussions which are improving to the young. The aim is that, as the next step, he should be compelled to contemplate the beauty of customs and institutions, to see that all beauty of this sort is related, and consequently to regard physical beauty as trivial.

From human institutions his teacher should direct him to knowledge, so that he may, in turn, see the beauty of different types of knowledge. Whereas before, in servile & contemptible fashion, he was dominated by the individual case, loving the beauty of a boy, or a man, or a single human activity, now he directs his eyes to what is beautiful in general, as he turns to gaze upon the limitless ocean of beauty. Now he produces many fine and inspiring thoughts and arguments, as he gives his undivided attention to philosophy. Here he gains in strength and stature until his attention is caught by that one special knowledge – the knowledge of a beauty which I will now try to describe to you. So pay the closest possible attention.

When a man has reached this point in his education in love, studying the different types of beauty in correct order, he will come

ὃν καὶ οὔτε γιγνόμενον οὔτε ἀπολλύμενον, οὔτε αὐξανόμενον οὔ-
τε φθίνον, ἔπειτα οὐ τῇ μὲν καλόν, τῇ δ' αἰσχρόν, οὐδὲ τοτὲ μέν,
τοτὲ δὲ οὔ, οὐδὲ πρὸς μὲν τὸ καλόν, πρὸς δὲ τὸ αἰσχρόν, οὐδ' ἔνθα
μὲν καλόν, ἔνθα δὲ αἰσχρόν, ὡς τισὶ μὲν ὂν καλόν, τισὶ δὲ αἰσχρόν·

οὐδ' αὖ φαντασθήσεται αὐτῷ τὸ καλὸν οἷον πρόσωπόν τι οὐδὲ
χεῖρες οὐδὲ ἄλλο οὐδὲν ὧν σῶμα μετέχει, οὐδέ τις λόγος οὐδέ
τις ἐπιστήμη, οὐδέ που ὂν ἐν ἑτέρῳ τινί, οἷον ἐν ζῴῳ ἢ ἐν γῇ ἢ ἐν
b οὐρανῷ ἢ ἔν τῳ ἄλλῳ, ἀλλ' αὐτὸ καθ' αὑτὸ μεθ' αὑτοῦ μονοειδὲς
ἀεὶ ὄν, τὰ δὲ ἄλλα πάντα καλὰ ἐκείνου μετέχοντα τρόπον τινὰ
τοιοῦτον, οἷον γιγνομένων τε τῶν ἄλλων καὶ ἀπολλυμένων μηδὲν
ἐκεῖνο μήτε τι πλέον μήτε ἔλαττον γίγνεσθαι μηδὲ πάσχειν μηδέν.
ὅταν δή τις ἀπὸ τῶνδε διὰ τὸ ὀρθῶς παιδεραστεῖν ἐπανιὼν ἐκεῖ-
νο τὸ καλὸν ἄρχηται καθορᾶν, σχεδὸν ἄν τι ἅπτοιτο τοῦ τέλους.
τοῦτο γὰρ δή ἐστι τὸ ὀρθῶς ἐπὶ τὰ ἐρωτικὰ ἰέναι ἢ ὑπ' ἄλλου ἄγ-
c εσθαι, ἀρχόμενον ἀπὸ τῶνδε τῶν καλῶν ἐκείνου ἕνεκα τοῦ καλοῦ
ἀεὶ ἐπανιέναι, ὥσπερ ἐπαναβασμοῖς χρώμενον, ἀπὸ ἑνὸς ἐπὶ δύο
καὶ ἀπὸ δυοῖν ἐπὶ πάντα τὰ καλὰ σώματα, καὶ ἀπὸ τῶν καλῶν σωμ-
άτων ἐπὶ τὰ καλὰ ἐπιτηδεύματα, καὶ ἀπὸ τῶν ἐπιτηδευμάτων ἐπὶ

to the final end and goal of this education. Then suddenly he will see
a beauty of a breathtaking nature, Socrates, the beauty which is the
justification of all his efforts so far. It is eternal, neither coming to be

nor passing away, neither increasing nor decreasing. Moreover it is
not beautiful in part, and ugly in part, nor is it beautiful at one time,
and not at another; nor beautiful in some respects, but not in others;
nor beautiful here and ugly there, as if beautiful in some people's
eyes, but not in others. It will not appear to him as the beauty of a
face, or hands, or anything physical — nor as an idea or branch of
knowledge, nor as existing in any determinate place, such as a living
creature, or the earth, or heaven, or anywhere like that. It exists for all
time, by itself and with itself, unique. All other forms of beauty de-   b
rive from it, but in such a way that their creation or destruction does
not strengthen or weaken it, or affect it in any way at all. If a man pro-
gresses (as he will do, if he goes about his love affairs in the right way)
from the lesser beauties, & begins to catch sight of this beauty, then
he is within reach of the final revelation. Such is the experience of the
man who approaches, or is guided towards, love in the right way, be-
ginning with the particular examples of beauty, but always returning   c
from them to the search for that one beauty. He uses them like a lad-
der, climbing from the love of one person to love of two; from two
to love of all physical beauty; from physical beauty to beauty in
human behaviour; thence to beauty in subjects of study; from them
he arrives finally at that branch of knowledge which studies nothing
but ultimate beauty. Then at last he understands what true beauty is.

That, if ever, is the moment, my dear Socrates, when a man's life   d
is worth living, as he contemplates beauty itself. Once seen, it will not
seem to you to be a good such as gold, or fashionable clothes, or the
boys and young men who have such an effect on you now when you
see them. You, and any number of people like you, when you see

τὰ καλὰ μαθήματα, καὶ ἀπὸ τῶν μαθημάτων ἐπ' ἐκεῖνο τὸ μάθημα τελευτῆσαι, ὅ ἐστιν οὐκ ἄλλου ἢ αὐτοῦ ἐκείνου τοῦ καλοῦ μάθημα,

d ἵνα γνῷ αὐτὸ τελευτῶν ὅ ἐστι καλόν. ἐνταῦθα τοῦ βίου, ὦ φίλε Σώκρατες, ἔφη ἡ Μαντινικὴ ξένη, εἴπερ που ἄλλοθι, βιωτὸν ἀνθρώπῳ, θεωμένῳ αὐτὸ τὸ καλόν. ὃ ἐάν ποτε ἴδῃς, οὐ κατὰ χρυσίον τε καὶ ἐσθῆτα καὶ τοὺς καλοὺς παῖδάς τε καὶ νεανίσκους δόξει σοι εἶναι, οὓς νῦν ὁρῶν ἐκπέπληξαι καὶ ἕτοιμος εἶ καὶ σὺ καὶ ἄλλοι πολλοί, ὁρῶντες τὰ παιδικὰ καὶ συνόντες ἀεὶ αὐτοῖς, εἴ πως οἷόν τ' ἦν, μήτ' ἐσθίειν μήτε πίνειν, ἀλλὰ θεᾶσθαι μόνον καὶ συνεῖναι. τί

e δῆτα, ἔφη, οἰόμεθα, εἴ τῳ γένοιτο αὐτὸ τὸ καλὸν ἰδεῖν εἰλικρινές, καθαρόν, ἄμεικτον, ἀλλὰ μὴ ἀνάπλεων σαρκῶν τε ἀνθρωπίνων καὶ χρωμάτων καὶ ἄλλης πολλῆς φλυαρίας θνητῆς, ἀλλ' αὐτὸ τὸ θεῖον καλὸν δύναιτο μονοειδὲς κατιδεῖν; ἆρ' οἴει, ἔφη, φαῦλον βίον

212 γίγνεσθαι ἐκεῖσε βλέποντος ἀνθρώπου καὶ ἐκεῖνο ᾧ δεῖ θεωμένου καὶ συνόντος αὐτῷ; ἢ οὐκ ἐνθυμῇ, ἔφη, ὅτι ἐνταῦθα αὐτῷ μοναχοῦ γενήσεται, ὁρῶντι ᾧ ὁρατὸν τὸ καλόν, τίκτειν οὐκ εἴδωλα ἀρετῆς, ἅτε οὐκ εἰδώλου ἐφαπτομένῳ, ἀλλὰ ἀληθῆ, ἅτε τοῦ ἀληθοῦς ἐφαπτομένῳ· τεκόντι δὲ ἀρετὴν ἀληθῆ καὶ θρεψαμένῳ ὑπάρχει θεοφιλεῖ γενέσθαι, καὶ εἴπερ τῳ ἄλλῳ ἀνθρώπων ἀθανάτῳ καὶ ἐκείνῳ;

b ταῦτα δή, ὦ Φαῖδρέ τε καὶ οἱ ἄλλοι, ἔφη μὲν Διοτίμα, πέπεισμαι δ' ἐγώ· πεπεισμένος δὲ πειρῶμαι καὶ τοὺς ἄλλους πείθειν ὅτι τούτου τοῦ κτήματος τῇ ἀνθρωπείᾳ φύσει συνεργὸν ἀμείνω Ἔρωτος οὐκ ἄν τις ῥᾳδίως λάβοι. διὸ δὴ ἔγωγέ φημι χρῆναι πάντα ἄνδρα τὸν Ἔρωτα τιμᾶν, καὶ αὐτὸς τιμῶ τὰ ἐρωτικὰ καὶ διαφερόντως ἀσκῶ, καὶ τοῖς ἄλλοις παρακελεύομαι, καὶ νῦν τε καὶ ἀεὶ ἐγκωμιάζω τὴν δύναμιν καὶ ἀνδρείαν τοῦ Ἔρωτος καθ' ὅσον οἷός τ' εἰμί.

c τοῦτον οὖν τὸν λόγον, ὦ Φαῖδρε, εἰ μὲν βούλει, ὡς ἐγκώμιον εἰς Ἔρωτα νόμισον εἰρῆσθαι, εἰ δέ, ὅτι καὶ ὅπῃ χαίρεις ὀνομάζων, τοῦτο ὀνόμαζε.

your boyfriends and spend all your time with them, are quite prepared (or would be, if it were possible) to go without food & drink, just looking at them and being with them. But suppose it were granted to someone to see beauty itself quite clearly, in its pure, undiluted form — not clogged up with human flesh and colouring, and a e whole lot of other worthless and corruptible matter. No, imagine he

were able to see the divine beauty itself in its unique essence. Don't you think he would find it a wonderful way to live, looking at it, con- 2 1 2 templating it as it should be contemplated, and spending his time in its company? It cannot fail to strike you that only then will it be possible for him, seeing beauty as it should be seen, to produce, not likenesses of goodness (since it is no likeness he has before him), but the real thing (since he has the real thing before him); and that this producing, and caring for, real goodness earns him the friendship of the gods and makes him, if anyone, immortal.'

There you are, then, Phaedrus and the rest of you. That's what b Diotima said to me, & I, for one, find it convincing. And it's because I'm convinced that I now try to persuade other people as well that man, in his search for this goal, could hardly hope to find a better ally than Eros. That's why I say that everyone should honour Eros, and why I myself honour him, and make the pursuit of Eros my chief concern, and encourage others to do the same. Now, and for all time, I praise the power & vigour of Eros, to the limits of my ability.

That's my speech, Phaedrus. You can take it, if you like, as a c formal eulogy of Eros. Or you can call it by any other name you please.

εἰπόντος δὲ ταῦτα τοῦ Σωκράτους τοὺς μὲν ἐπαινεῖν, τὸν δὲ
Ἀριστοφάνη λέγειν τι ἐπιχειρεῖν, ὅτι ἐμνήσθη αὐτοῦ λέγων ὁ Σω-
κράτης περὶ τοῦ λόγου· καὶ ἐξαίφνης τὴν αὔλειον θύραν κρου-
ομένην πολὺν ψόφον παρασχεῖν ὡς κωμαστῶν, καὶ αὐλητρίδος
φωνὴν ἀκούειν. τὸν οὖν Ἀγάθωνα, Παῖδες, φάναι, οὐ σκέψεσθε;
d   καὶ ἐὰν μέν τις τῶν ἐπιτηδείων ᾖ, καλεῖτε· εἰ δὲ μή, λέγετε ὅτι οὐ
πίνομεν ἀλλ' ἀναπαυόμεθα ἤδη.

καὶ οὐ πολὺ ὕστερον Ἀλκιβιάδου τὴν φωνὴν ἀκούειν ἐν τῇ αὐλῇ
σφόδρα μεθύοντος καὶ μέγα βοῶντος, ἐρωτῶντος ὅπου Ἀγάθων
καὶ κελεύοντος ἄγειν παρ' Ἀγάθωνα. ἄγειν οὖν αὐτὸν παρὰ σφᾶς
τήν τε αὐλητρίδα ὑπολαβοῦσαν καὶ ἄλλους τινὰς τῶν ἀκολού-
e   ων, καὶ ἐπιστῆναι ἐπὶ τὰς θύρας ἐστεφανωμένον αὐτὸν κιττοῦ τέ
τινι στεφάνῳ δασεῖ καὶ ἴων, καὶ ταινίας ἔχοντα ἐπὶ τῆς κεφαλῆς
πάνυ πολλάς, καὶ εἰπεῖν Ἄνδρες, χαίρετε· μεθύοντα ἄνδρα πάνυ
σφόδρα δέξεσθε συμπότην, ἢ ἀπίωμεν ἀναδήσαντες μόνον Ἀγά-
θωνα, ἐφ' ᾧπερ ἤλθομεν; ἐγὼ γάρ τοι, φάναι, χθὲς μὲν οὐχ οἷός τ'
ἐγενόμην ἀφικέσθαι, νῦν δὲ ἥκω ἐπὶ τῇ κεφαλῇ ἔχων τὰς ταινίας,
ἵνα ἀπὸ τῆς ἐμῆς κεφαλῆς τὴν τοῦ σοφωτάτου καὶ καλλίστου
κεφαλήν, ἀνειπὼν οὑτωσί, ἀναδήσω. ἆρα καταγελάσεσθέ μου ὡς
213   μεθύοντος; ἐγὼ δέ, κἂν ὑμεῖς γελᾶτε, ὅμως εὖ οἶδ' ὅτι ἀληθῆ λέγω.
ἀλλά μοι λέγετε αὐτόθεν, ἐπὶ ῥητοῖς εἰσίω ἢ μή; συμπίεσθε ἢ οὔ;
πάντας οὖν ἀναθορυβῆσαι καὶ κελεύειν εἰσιέναι καὶ κατακλίνεσθαι,
καὶ τὸν Ἀγάθωνα καλεῖν αὐτόν. καὶ τὸν ἰέναι ἀγόμενον ὑπὸ τῶν
ἀνθρώπων, καὶ περιαιρούμενον ἅμα τὰς ταινίας ὡς ἀναδήσοντα,
ἐπίπροσθε τῶν ὀφθαλμῶν ἔχοντα οὐ κατιδεῖν τὸν Σωκράτη, ἀλλὰ
b   καθίζεσθαι παρὰ τὸν Ἀγάθωνα ἐν μέσῳ Σωκράτους τε καὶ ἐκεί-
νου· παραχωρῆσαι γὰρ τὸν Σωκράτη ὡς ἐκεῖνον κατιδεῖν. παρα-
καθεζόμενον δὲ αὐτὸν ἀσπάζεσθαί τε τὸν Ἀγάθωνα καὶ ἀναδεῖν.
εἰπεῖν οὖν τὸν Ἀγάθωνα Ὑπολύετε, παῖδες, Ἀλκιβιάδην, ἵνα ἐκ
τρίτων κατακέηται.

This speech was greeted with applause, and Aristophanes started saying something about Socrates' reference to his speech, when suddenly there was a tremendous sound of hammering at the front door — people going home from a party, by the sound of it. You could hear the voice of a flute-girl.

Agathon (to his slaves): Could you see who that is? If it's one of my friends, ask him in. Otherwise, say we've stopped drinking and are just going to bed.   d

Almost at once we heard Alcibiades' voice from the courtyard. He was very drunk, and shouting at the top of his voice, asking 'where Agathon was', and demanding 'to be taken to Agathon'. So in he came, supported by the girl, and some of his followers. He stood there in the doorway, wearing a luxuriant garland of ivy & violets, with his head covered in ribbons.   e

Alcibiades: Greetings, gentlemen. Will you allow me to join your gathering completely drunk? Or shall we just crown Agathon (which is what we've come for) and go away? I couldn't come yesterday, but now here I am, with ribbons in my hair, so that I can take a garland from my own head, and crown the man whom I hereby proclaim the cleverest & handsomest man in Athens. Are you going to laugh at me for being drunk? Well, you may laugh, but I'm sure I'm right, all the same. Anyway, those are my terms. So tell me right away: should I   213 come in? Will you drink with me, or not?

Then everyone started talking at once, telling him to come in and sit down. And Agathon called him over. So over he came, assisted by his companions. He was taking off his ribbons, getting ready to put the garland on Agathon, and with the ribbons in front of his eyes he didn't see Socrates. So he sat down next to Agathon, between him &   b Socrates, Socrates moving aside, when he saw him, to make room. As he sat down he greeted Agathon, and put the garland on his head.

Πάνυ γε, εἰπεῖν τὸν Ἀλκιβιάδην· ἀλλὰ τίς ἡμῖν ὅδε τρίτος συμπότης; καὶ ἅμα μεταστρεφόμενον αὐτὸν ὁρᾶν τὸν Σωκράτη, ἰδόντα δὲ ἀναπηδῆσαι καὶ εἰπεῖν· Ὦ Ἡράκλεις, τουτὶ τί ἦν; Σωκράτης οὗτος; ἐλλοχῶν αὖ με ἐνταῦθα κατέκεισο, ὥσπερ εἰώθεις ἐξαίφνης

c ἀναφαίνεσθαι ὅπου ἐγὼ ᾤμην ἥκιστά σε ἔσεσθαι. καὶ νῦν τί ἥκεις; καὶ τί αὖ ἐνταῦθα κατεκλίνης; ὡς οὐ παρὰ Ἀριστοφάνει οὐδὲ εἴ τις ἄλλος γελοῖός ἐστί τε καὶ βούλεται, ἀλλὰ διεμηχανήσω ὅπως παρὰ τῷ καλλίστῳ τῶν ἔνδον κατακείσῃ.

καὶ τὸν Σωκράτη, Ἀγάθων, φάναι, ὅρα εἴ μοι ἐπαμυνεῖς· ὡς ἐμοὶ ὁ τούτου ἔρως τοῦ ἀνθρώπου οὐ φαῦλον πρᾶγμα γέγονεν. ἀπ᾽ ἐκείνου γὰρ τοῦ χρόνου, ἀφ᾽ οὗ τούτου ἠράσθην, οὐκέτι ἔξεστίν

d μοι οὔτε προσβλέψαι οὔτε διαλεχθῆναι καλῷ οὐδ᾽ ἑνί, ἢ οὑτοσὶ ζηλοτυπῶν με καὶ φθονῶν θαυμαστὰ ἐργάζεται καὶ λοιδορεῖταί τε καὶ τὼ χεῖρε μόγις ἀπέχεται. ὅρα οὖν μή τι καὶ νῦν ἐργάσηται, ἀλλὰ διάλλαξον ἡμᾶς, ἢ ἐὰν ἐπιχειρῇ βιάζεσθαι, ἐπάμυνε, ὡς ἐγὼ τὴν τούτου μανίαν τε καὶ φιλεραστίαν πάνυ ὀρρωδῶ.

Ἀλλ᾽ οὐκ ἔστι, φάναι τὸν Ἀλκιβιάδην, ἐμοὶ καὶ σοὶ διαλλαγή. ἀλλὰ τούτων μὲν εἰς αὖθίς σε τιμωρήσομαι· νῦν δέ μοι, Ἀγάθων, φάναι,

e μετάδος τῶν ταινιῶν, ἵνα ἀναδήσω καὶ τὴν τούτου ταυτηνὶ τὴν θαυμαστὴν κεφαλήν, καὶ μή μοι μέμφηται ὅτι σὲ μὲν ἀνέδησα, αὐτὸν δὲ νικῶντα ἐν λόγοις πάντας ἀνθρώπους, οὐ μόνον πρώην ὥσπερ σύ, ἀλλ᾽ ἀεί, ἔπειτα οὐκ ἀνέδησα. καὶ ἅμ᾽ αὐτὸν λαβόντα τῶν ταινιῶν ἀναδεῖν τὸν Σωκράτη καὶ κατακλίνεσθαι.

ἐπειδὴ δὲ κατεκλίνη, εἰπεῖν· Εἶεν δή, ἄνδρες· δοκεῖτε γάρ μοι νήφειν. οὐκ ἐπιτρεπτέον οὖν ὑμῖν, ἀλλὰ ποτέον· ὡμολόγηται γὰρ ταῦθ᾽ ἡμῖν. ἄρχοντα οὖν αἱροῦμαι τῆς πόσεως, ἕως ἂν ὑμεῖς ἱκανῶς πίητε, ἐμαυτόν. ἀλλὰ φερέτω, Ἀγάθων, εἴ τι ἐστὶν ἔκπωμα μέγα. μᾶλλον δὲ οὐδὲν δεῖ, ἀλλὰ φέρε, παῖ, φάναι, τὸν ψυκτῆρα ἐκεῖνον, ἰδόντα

214 αὐτὸν πλέον ἢ ὀκτὼ κοτύλας χωροῦντα. τοῦτον ἐμπλησάμενον πρῶτον μὲν αὐτὸν ἐκπιεῖν, ἔπειτα τῷ Σωκράτει κελεύειν ἐγχεῖν

Agathon (to his slaves): Take Alcibiades' shoes off. He can make a third at this table.

Alcibiades: Excellent, but who is the other person drinking at our table? (Turning & seeing Socrates, and leaping to his feet). My God, what's this? Socrates here? You've been lying in wait here for me, just as you used to do. You were always turning up unexpectedly, wherever I least expected you. What are you doing here this time? c And come to that, how've you managed to get yourself a place next to the most attractive person in the room? You ought to be next to someone like Aristophanes; he sets out to make himself ridiculous, and succeeds. Shouldn't you be with him?

Socrates: I'm going to need your protection, Agathon. I've found the love of this man a bit of a nightmare. From the day I took a fancy to d him, I haven't been allowed to look at, or talk to, anyone attractive at all. If I do he gets envious and jealous, and starts behaving outrageously. He insults me, and can barely keep his hands off me. So you make sure he doesn't do anything now. You reconcile us, or defend me if he resorts to violence. His insane sexuality scares me stiff.

Alcibiades: There can be no reconciliation between you & me. However, I'll get my revenge another time. For the moment, give me some of those ribbons, Agathon, so I can make a garland for this remark- e able head of his as well. I don't want him complaining that I crowned you, and not him, though he is the international grandmaster of words — and not just the day before yesterday, like you, but all the time. (As he said this he took some of the ribbons, made a garland for Socrates, and sat down). Well, gentlemen, you seem to me to be pretty sober. We can't have that. You'll have to drink. After all, that's what we agreed. So I'm going to choose a Master of Ceremonies, to see you all get enough to drink. I choose myself. Agathon, let

καὶ ἅμα εἰπεῖν· Πρὸς μὲν Σωκράτη, ὦ ἄνδρες, τὸ σόφισμά μοι οὐδ-
έν· ὁπόσον γὰρ ἂν κελεύῃ τις, τοσοῦτον ἐκπιὼν οὐδὲν μᾶλλον μή
ποτε μεθυσθῇ.

τὸν μὲν οὖν Σωκράτη ἐγχέαντος τοῦ παιδὸς πίνειν· τὸν δ' Ἐρυξί-
μαχον Πῶς οὖν, φάναι, ὦ Ἀλκιβιάδη, ποιοῦμεν; οὕτως οὔτε τι λέγ-
b ομεν ἐπὶ τῇ κύλικι οὔτε τι ᾄδομεν, ἀλλ' ἀτεχνῶς ὥσπερ οἱ διψῶντες
πιόμεθα;

τὸν οὖν Ἀλκιβιάδην εἰπεῖν· Ὦ Ἐρυξίμαχε, βέλτιστε βελτίστου
πατρὸς καὶ σωφρονεστάτου, χαῖρε.

Καὶ γὰρ σύ, φάναι τὸν Ἐρυξίμαχον· ἀλλὰ τί ποιῶμεν;

Ὅτι ἂν σὺ κελεύῃς. δεῖ γάρ σοι πείθεσθαι·

       ἰητρὸς γὰρ ἀνὴρ πολλῶν ἀντάξιος ἄλλων·
ἐπίταττε οὖν ὅτι βούλει.

Ἄκουσον δή, εἰπεῖν τὸν Ἐρυξίμαχον. ἡμῖν πρὶν σὲ εἰσελθεῖν ἔδοξε
χρῆναι ἐπὶ δεξιὰ ἕκαστον ἐν μέρει λόγον περὶ Ἔρωτος εἰπεῖν ὡς
c δύναιτο κάλλιστον, καὶ ἐγκωμιάσαι. οἱ μὲν οὖν ἄλλοι πάντες ἡμεῖς
εἰρήκαμεν· σὺ δ' ἐπειδὴ οὐκ εἴρηκας καὶ ἐκπέπωκας, δίκαιος εἶ εἰπ-
εῖν, εἰπὼν δὲ ἐπιτάξαι Σωκράτει ὅτι ἂν βούλῃ, καὶ τοῦτον τῷ ἐπὶ
δεξιὰ καὶ οὕτω τοὺς ἄλλους.

Ἀλλά, φάναι, ὦ Ἐρυξίμαχε, τὸν Ἀλκιβιάδην, καλῶς μὲν λέγεις, μεθ-
ύοντα δὲ ἄνδρα παρὰ νηφόντων λόγους παραβάλλειν μὴ οὐκ ἐξ
ἴσου ᾖ. καὶ ἅμα, ὦ μακάριε, πείθει τί σε Σωκράτης ὧν ἄρτι εἶπεν;
d ἢ οἶσθα ὅτι τοὐναντίον ἐστὶ πᾶν ἢ ὃ ἔλεγεν; οὗτος γάρ, ἐάν τινα
ἐγὼ ἐπαινέσω τούτου παρόντος ἢ θεὸν ἢ ἄνθρωπον ἄλλον ἢ τοῦ-
τον, οὐκ ἀφέξεταί μου τὼ χεῖρε.

Οὐκ εὐφημήσεις; φάναι τὸν Σωκράτη.

Μὰ τὸν Ποσειδῶ, εἰπεῖν τὸν Ἀλκιβιάδην, μηδὲν λέγε πρὸς ταῦτα,
ὡς ἐγὼ οὐδ' ἂν ἕνα ἄλλον ἐπαινέσαιμι σοῦ παρόντος.

Ἀλλ' οὕτω ποίει, φάναι τὸν Ἐρυξίμαχον, εἰ βούλει· Σωκράτη ἐπ-
αίνεσον.

them bring a large cup, if you've got one. No, wait! (Suddenly catching sight of an ice-bucket holding upwards of half a gallon.) No need for that. Boy, bring me that ice-bucket. (He filled it, and started off by draining it himself. Then he told the slave to fill it up again for Socrates). A useless ploy against Socrates, gentlemen. It doesn't matter how much you give him to drink, he'll drink it and be none the worse for wear. (So the slave filled the bucket for Socrates, who drank it.) 214

Eryximachus: What's the plan, Alcibiades? Are we just going to sit here and drink as if we were dying of thirst? Aren't we going to talk, or sing, at all while we drink? b

Alcibiades: Ah, Eryximachus. Most excellent scion of a most excellent & sensible father. Good evening.

Eryximachus: Good evening to you too. But what *do* you want us to do?

Alcibiades: Whatever you recommend. We must do as you say. After all, 'a doctor is worth a dozen ordinary men'. So you tell us your prescription.

Eryximachus: Very well, listen. We had decided, before you came, that going round anticlockwise, each of us in turn should make the best speech he could about Eros, in praise of him. We've all made our speeches. You've drunk but you haven't spoken. So it's only fair that you should speak now; after that you can give any instructions you like to Socrates, and he can do the same to the man on his right, and so on all the way round. c

Alcibiades: That's a good idea, Eryximachus. But it's grossly unfair to ask me, drunk, to compete with you sober. Also, my dear friend, I hope you didn't pay any attention to Socrates' remarks just now. Presumably you realise the situation is the exact opposite of what he said. He's the one who will resort to violence, if I praise anyone else, god or man, in his presence. d

e   Πῶς λέγεις; εἰπεῖν τὸν Ἀλκιβιάδην· δοκεῖ χρῆναι, ὦ Ἐρυξίμαχε; ἐπι-
ϑῶμαι τῷ ἀνδρὶ καὶ τιμωρήσομαι ὑμῶν ἐναντίον;
Οὗτος, φάναι τὸν Σωκράτη, τί ἐν νῷ ἔχεις; ἐπὶ τὰ γελοιότερά με
ἐπαινέσεις; ἢ τί ποιήσεις;
Τἀληϑῆ ἐρῶ. ἀλλ' ὅρα εἰ παρίης.
Ἀλλὰ μέντοι, φάναι, τά γε ἀληϑῆ παρίημι καὶ κελεύω λέγειν.
Οὐκ ἂν φϑάνοιμι, εἰπεῖν τὸν Ἀλκιβιάδην. καὶ μέντοι οὑτωσὶ ποίησ-
ον. ἐάν τι μὴ ἀληϑὲς λέγω, μεταξὺ ἐπιλαβοῦ, ἂν βούλη, καὶ εἰπὲ ὅτι
τοῦτο ψεύδομαι· ἑκὼν γὰρ εἶναι οὐδὲν ψεύσομαι. ἐὰν μέντοι ἀναμιμ-
215   νησκόμενος ἄλλο ἄλλοϑεν λέγω, μηδὲν ϑαυμάσῃς· οὐ γάρ τι ῥᾴδιον
τὴν σὴν ἀτοπίαν ὧδ' ἔχοντι εὐπόρως καὶ ἐφεξῆς καταριϑμῆσαι.

Σωκράτη δ' ἐγὼ ἐπαινεῖν, ὦ ἄνδρες, οὕτως ἐπιχειρήσω, δι' εἰκόνων.
οὗτος μὲν οὖν ἴσως οἰήσεται ἐπὶ τὰ γελοιότερα, ἔσται δ' ἡ εἰκὼν
τοῦ ἀληϑοῦς ἕνεκα, οὐ τοῦ γελοίου. φημὶ γὰρ δὴ ὁμοιότατον αὐτὸν
εἶναι τοῖς σιληνοῖς τούτοις τοῖς ἐν τοῖς ἑρμογλυφείοις καϑημένοις,
b   οὕστινας ἐργάζονται οἱ δημιουργοὶ σύριγγας ἢ αὐλοὺς ἔχοντας,
οἳ διχάδε διοιχϑέντες φαίνονται ἔνδοϑεν ἀγάλματα ἔχοντες ϑεῶν.
καὶ φημὶ αὖ ἐοικέναι αὐτὸν τῷ σατύρῳ τῷ Μαρσύᾳ. ὅτι μὲν οὖν
τό γε εἶδος ὅμοιος εἰ τούτοις, ὦ Σώκρατες, οὐδ' αὐτὸς ἄν που
ἀμφισβητήσαις· ὡς δὲ καὶ τἆλλα ἔοικας, μετὰ τοῦτο ἄκουε. ὑβρισ-
τὴς εἶ· ἢ οὔ; ἐὰν γὰρ μὴ ὁμολογῇς, μάρτυρας παρέξομαι. ἀλλ' οὐκ

Socrates: Can't you hold your tongue?

Alcibiades: Don't worry, I wouldn't dream of praising anyone else if you're here.

Eryximachus: Well, that'll do, if you like. Praise Socrates.

Alcibiades: Really? You think I should, Eryximachus? Shall I set   e about him, and get my own back on him, here in front of you all?

Socrates: Hey! What are you up to? Are you trying to make a fool of me by praising me. Or what?

Alcibiades: I'm going to tell the truth. Do you mind that?

Socrates: Of course not. In fact, I'm all in favour of it.

Alcibiades: I can't wait to start. And here's what you can do. If I say anything that's not true, you can interrupt me, if you like, and tell me   215 I'm wrong. I shan't get anything wrong on purpose, but don't be surprised if my recollection of things is a bit higgledy-piggledy. It's not easy, when you're as drunk as I am, to give a clear & orderly account of someone as strange as you.

ALCIBIADES

Gentlemen, I'm going to try & praise Socrates using similes. He may think I'm trying to make a fool of him, but the point of the simile is its accuracy, not its absurdity. I think he's very like one of those Silenus-figures sculptors have on their shelves. They're made   b with flutes or pipes. You can open them up, and when you do you find little figures of the gods inside. I also think Socrates is like the satyr Marsyas. As far as your appearance goes, Socrates, even you can't claim these are poor comparisons; but I'll tell you how the likeness holds good in other ways: just listen. You're a troublemaker, aren't you? Don't deny it, I can bring witnesses. You may not play   c the pipes, like Marsyas, but what you do is much more amazing. He had only to open his mouth to delight men, but he needed a musical

αὐλητής; πολύ γε θαυμασιώτερος ἐκείνου. ὁ μέν γε δι' ὀργάνων

c ἐκήλει τοὺς ἀνθρώπους τῇ ἀπὸ τοῦ στόματος δυνάμει, καὶ ἔτι
νυνὶ ὃς ἂν τὰ ἐκείνου αὐλῇ (ἃ γὰρ Ὄλυμπος ηὔλει, Μαρσύου λέγω,
τούτου διδάξαντος)· τὰ οὖν ἐκείνου ἐάντε ἀγαθὸς αὐλητὴς αὐλῇ
ἐάντε φαύλη αὐλητρίς, μόνα κατέχεσθαι ποιεῖ καὶ δηλοῖ τοὺς τῶν
θεῶν τε καὶ τελετῶν δεομένους διὰ τὸ θεῖα εἶναι. σὺ δ' ἐκείνου
τοσοῦτον μόνον διαφέρεις, ὅτι ἄνευ ὀργάνων ψιλοῖς λόγοις ταὐ-

d τὸν τοῦτο ποιεῖς. ἡμεῖς γοῦν ὅταν μέν του ἄλλου ἀκούωμεν λέγ-
οντος καὶ πάνυ ἀγαθοῦ ῥήτορος ἄλλους λόγους, οὐδὲν μέλει ὡς
ἔπος εἰπεῖν οὐδενί· ἐπειδὰν δὲ σοῦ τις ἀκούῃ ἢ τῶν σῶν λόγων
ἄλλου λέγοντος, κἂν πάνυ φαῦλος ᾖ ὁ λέγων, ἐάντε γυνὴ ἀκούῃ
ἐάντε ἀνὴρ ἐάντε μειράκιον, ἐκπεπληγμένοι ἐσμὲν καὶ κατεχόμεθα.
ἐγὼ γοῦν, ὦ ἄνδρες, εἰ μὴ ἔμελλον κομιδῇ δόξειν μεθύειν, εἶπον ὀμ-
όσας ἂν ὑμῖν οἷα δὴ πέπονθα αὐτὸς ὑπὸ τῶν τούτου λόγων καὶ

e πάσχω ἔτι καὶ νυνί. ὅταν γὰρ ἀκούω, πολύ μοι μᾶλλον ἢ τῶν κορυ-
βαντιώντων ἥ τε καρδία πηδᾷ καὶ δάκρυα ἐκχεῖται ὑπὸ τῶν λόγων
τῶν τούτου, ὁρῶ δὲ καὶ ἄλλους παμπόλλους τὰ αὐτὰ πάσχοντας·
Περικλέους δὲ ἀκούων καὶ ἄλλων ἀγαθῶν ῥητόρων εὖ μὲν ἡγού-
μην λέγειν, τοιοῦτον δ' οὐδὲν ἔπασχον, οὐδ' ἐτεθορύβητό μου ἡ
ψυχὴ οὐδ' ἠγανάκτει ὡς ἀνδραποδωδῶς διακειμένου, ἀλλ' ὑπὸ

216 τουτουί τοῦ Μαρσύου πολλάκις δὴ οὕτω διετέθην ὥστε μοι δόξαι
μὴ βιωτὸν εἶναι ἔχοντι ὡς ἔχω. καὶ ταῦτα, ὦ Σώκρατες, οὐκ ἐρεῖς
ὡς οὐκ ἀληθῆ. καὶ ἔτι γε νῦν σύνοιδ' ἐμαυτῷ ὅτι εἰ ἐθέλοιμι παρ-
έχειν τὰ ὦτα, οὐκ ἂν καρτερήσαιμι ἀλλὰ ταὐτὰ ἂν πάσχοιμι. ἀναγ-
κάζει γάρ με ὁμολογεῖν ὅτι πολλοῦ ἐνδεὴς ὢν αὐτὸς ἔτι ἐμαυτοῦ
μὲν ἀμελῶ, τὰ δ' Ἀθηναίων πράττω. βίᾳ οὖν ὥσπερ ἀπὸ τῶν Σειρ-
ήνων ἐπισχόμενος τὰ ὦτα οἴχομαι φεύγων, ἵνα μὴ αὐτοῦ καθήμενος
παρὰ τούτῳ καταγηράσω. πέπονθα δὲ πρὸς τοῦτον μόνον ἀνθ-

b ρώπων, ὃ οὐκ ἄν τις οἴοιτο ἐν ἐμοὶ ἐνεῖναι, τὸ αἰσχύνεσθαι ὁντινοῦν·
ἐγὼ δὲ τοῦτον μόνον αἰσχύνομαι. σύνοιδα γὰρ ἐμαυτῷ ἀντιλέγειν

instrument to do it. The same goes for anyone nowadays who plays his music – I count what Olympus played as really Marsyas', since he learnt from him. His is the only music which carries people away, & reveals those who have a desire for the gods and their rites. Such is its divine power, and it makes no difference whether it's played by an expert, or by a mere flute-girl.

You have the same effect on people. The only difference is that you do it with words alone, without the aid of any instrument. We can all listen to anyone else talking, and it has virtually no effect on us,   d no matter what he's talking about, or how good a speaker he is. But when we listen to you, or to someone else using your arguments, even if he's a hopeless speaker, we're overwhelmed and carried away. This is true of men, women and children alike.

For my own part, gentlemen, I would like to tell you on my honour (only you would certainly think I was drunk) the effect what he says has had on me in the past – and still does have, to this day.   e When I hear him, it's like the worst kind of religious hysteria. My heart pounds, and I find myself in floods of tears, such is the effect of his words. And I can tell lots of other people feel the same. I used to listen to Pericles and other powerful speakers, and I thought they spoke well. But they never had the effect on me of turning all my beliefs upside down, with the disturbing realisation that my whole   216 life is that of a slave. Whereas this Marsyas here has often made me feel that, and decide that the kind of life I lead is just not worth living. You can't deny it, Socrates.

Even now I know in my heart of hearts that if I were to listen to him, I couldn't resist him. The same thing would happen again. He forces me to admit that with all my faults I do nothing to improve myself, but continue in public life just the same. So I tear myself   b away, as if stopping my ears against the Sirens; otherwise I would

μὲν οὐ δυναμένῳ ὡς οὐ δεῖ ποιεῖν & οὗτος κελεύει, ἐπειδὰν δὲ ἀπ-
έλθω, ἡττημένῳ τῆς τιμῆς τῆς ὑπὸ τῶν πολλῶν. δραπετεύω οὖν
αὐτὸν καὶ φεύγω, καὶ ὅταν ἴδω, αἰσχύνομαι τὰ ὡμολογημένα. καὶ
c πολλάκις μὲν ἡδέως ἂν ἴδοιμι αὐτὸν μὴ ὄντα ἐν ἀνθρώποις· εἰ δ' αὖ
τοῦτο γένοιτο, εὖ οἶδα ὅτι πολὺ μεῖζον ἂν ἀχθοίμην, ὥστε οὐκ ἔχω
ὅτι χρήσωμαι τούτῳ τῷ ἀνθρώπῳ.

καὶ ὑπὸ μὲν δὴ τῶν αὐλημάτων καὶ ἐγὼ καὶ ἄλλοι πολλοὶ τοιαῦτα
πεπόνθασιν ὑπὸ τοῦδε τοῦ σατύρου· ἄλλα δὲ ἐμοῦ ἀκούσατε ὡς
ὅμοιός τ' ἐστὶν οἷς ἐγὼ ᾔκασα αὐτὸν καὶ τὴν δύναμιν ὡς θαυμασ-
ίαν ἔχει. εὖ γὰρ ἴστε ὅτι οὐδεὶς ὑμῶν τοῦτον γιγνώσκει· ἀλλὰ ἐγὼ
d δηλώσω, ἐπείπερ ἠρξάμην. ὁρᾶτε γὰρ ὅτι Σωκράτης ἐρωτικῶς
διάκειται τῶν καλῶν καὶ ἀεὶ περὶ τούτους ἐστὶ καὶ ἐκπέπληκται,
καὶ αὖ ἀγνοεῖ πάντα καὶ οὐδὲν οἶδεν, ὡς τὸ σχῆμα αὐτοῦ τοῦτο
οὐ σιληνῶδες; σφόδρα γε. τοῦτο γὰρ οὗτος ἔξωθεν περιβέβληται,
ὥσπερ ὁ γεγλυμμένος σιληνός· ἔνδοθεν δὲ ἀνοιχθεὶς πόσης οἴεσθε
γέμει, ὦ ἄνδρες συμπόται, σωφροσύνης; ἴστε ὅτι οὔτε εἴ τις καλός
ἐστι μέλει αὐτῷ οὐδέν, ἀλλὰ καταφρονεῖ τοσοῦτον ὅσον οὐδ' ἂν
e εἷς οἰηθείη, οὔτ' εἴ τις πλούσιος, οὔτ' εἰ ἄλλην τινὰ τιμὴν ἔχων τῶν
ὑπὸ πλήθους μακαριζομένων· ἡγεῖται δὲ πάντα ταῦτα τὰ κτήμα-
τα οὐδενὸς ἄξια καὶ ἡμᾶς οὐδὲν εἶναι — λέγω ὑμῖν — εἰρωνευόμενος
δὲ καὶ παίζων πάντα τὸν βίον πρὸς τοὺς ἀνθρώπους διατελεῖ.
σπουδάσαντος δὲ αὐτοῦ καὶ ἀνοιχθέντος οὐκ οἶδα εἴ τις ἑώρακεν
τὰ ἐντὸς ἀγάλματα· ἀλλ' ἐγὼ ἤδη ποτ' εἶδον, καί μοι ἔδοξεν οὕτω
217 θεῖα καὶ χρυσᾶ εἶναι καὶ πάγκαλα καὶ θαυμαστά, ὥστε ποιητέον
εἶναι ἔμβραχυ ὅτι κελεύοι Σωκράτης. ἡγούμενος δὲ αὐτὸν ἐσπουδ-
ακέναι ἐπὶ τῇ ἐμῇ ὥρᾳ ἕρμαιον ἡγησάμην εἶναι καὶ εὐτύχημα ἐμὸν
θαυμαστόν, ὡς ὑπάρχον μοι χαρισαμένῳ Σωκράτει πάντ' ἀκοῦσαι
ὅσαπερ οὗτος ᾔδει· ἐφρόνουν γὰρ δὴ ἐπὶ τῇ ὥρᾳ θαυμάσιον ὅσον.
ταῦτα οὖν διανοηθείς, πρὸ τοῦ οὐκ εἰωθὼς ἄνευ ἀκολούθου μόνος
μετ' αὐτοῦ γίγνεσθαι, τότε ἀποπέμπων τὸν ἀκόλουθον μόνος συν-

spend my whole life there sitting at his feet. He's the only man who can appeal to my better nature (not that most people would reckon I *had* a better nature), because I'm only too aware I have no answer to his arguments. I know I should do as he tells me, but when I leave him I have no defence against my own ambition and desire for recognition. So I run for my life, and avoid him, and when I see him, I'm embarrassed, when I remember conclusions we've reached in the past. I would often cheerfully have seen him dead, and yet I know that if that did happen, I should be even more upset. So I just can't cope with the man.

c

I'm by no means the only person to be affected like this by his satyr's music, but that isn't all I have to say about his similarity to those figures I likened him to, and about his remarkable powers. Believe me, none of you really knows the man. So I'll enlighten you, now that I've begun.

d

Your view of Socrates is of someone who fancies attractive men, spends all his time with them, finds them irresistible – and you know how hopelessly ignorant and uncertain he is. And yet this pose is extremely Silenus-like. It's the outward mask he wears, like the carved Silenus. Open him up, and he's a model of restraint – you wouldn't believe it, my dear fellow-drinkers. Take my word for it, it makes no difference at all how attractive you are, he has an astonishing contempt for that kind of thing. Similarly with riches, or any of the other so-called advantages we possess. He regards all possessions as worthless, & us humans as insignificant. No, I mean it – he treats his whole life in human society as a game or puzzle.

e

But when he's serious, when he opens up and you see the real Socrates –I don't know if any of you has ever seen the figure inside. I saw it once, and it struck me as utterly godlike & golden and beautiful & wonderful. In fact, I thought I must simply do anything he told me.

b εγιγνόμην (δεῖ γὰρ πρὸς ὑμᾶς πάντα τἀληθῆ εἰπεῖν· ἀλλὰ προσ-
έχετε τὸν νοῦν, καὶ εἰ ψεύδομαι, Σώκρατες, ἐξέλεγχε)· συνεγιγν-
όμην γάρ, ὦ ἄνδρες, μόνος μόνῳ, καὶ ᾤμην αὐτίκα διαλέξεσθαι
αὐτόν μοι ἅπερ ἂν ἐραστὴς παιδικοῖς ἐν ἐρημίᾳ διαλεχθείη, καὶ
ἔχαιρον. τούτων δ' οὐ μάλα ἐγίγνετο οὐδέν, ἀλλ' ὥσπερ εἰώθει
διαλεχθεὶς ἄν μοι καὶ συνημερεύσας ᾤχετο ἀπιών. μετὰ ταῦτα
συγγυμνάζεσθαι προυκαλούμην αὐτὸν καὶ συνεγυμναζόμην, ὥς

τι ἐνταῦθα περανῶν. συνεγυμνάζετο οὖν μοι καὶ προσεπάλαιεν
πολλάκις οὐδενὸς παρόντος. καὶ τί δεῖ λέγειν; οὐδὲν γάρ μοι πλέον
ἦν. ἐπειδὴ δὲ οὐδαμῇ ταύτῃ ἤνυτον, ἔδοξέ μοι ἐπιθετέον εἶναι τῷ
ἀνδρὶ κατὰ τὸ καρτερὸν καὶ οὐκ ἀνετέον, ἐπειδήπερ ἐνεκεχειρήκη,
ἀλλὰ ἰστέον ἤδη τί ἐστι τὸ πρᾶγμα. προκαλοῦμαι δὴ αὐτὸν πρὸς
τὸ συνδειπνεῖν, ἀτεχνῶς ὥσπερ ἐραστὴς παιδικοῖς ἐπιβουλεύων.
d καί μοι οὐδὲ τοῦτο ταχὺ ὑπήκουσεν, ὅμως δ' οὖν χρόνῳ ἐπείσθη.
ἐπειδὴ δὲ ἀφίκετο τὸ πρῶτον, δειπνήσας ἀπιέναι ἐβούλετο. καὶ
τότε μὲν αἰσχυνόμενος ἀφῆκα αὐτόν· αὖθις δ' ἐπιβουλεύσας, ἐπει-
δὴ ἐδεδειπνήκεμεν διελεγόμην ἀεὶ πόρρω τῶν νυκτῶν, καὶ ἐπειδὴ
ἐβούλετο ἀπιέναι, σκηπτόμενος ὅτι ὀψὲ εἴη, προσηνάγκασα αὐτὸν
μένειν. ἀνεπαύετο οὖν ἐν τῇ ἐχομένῃ ἐμοῦ κλίνῃ, ἐν ᾗπερ ἐδείπνει,
καὶ οὐδεὶς ἐν τῷ οἰκήματι ἄλλος καθηῦδεν ἢ ἡμεῖς. μέχρι μὲν οὖν
e δὴ δεῦρο τοῦ λόγου καλῶς ἂν ἔχοι καὶ πρὸς ὁντινοῦν λέγειν· τὸ

And since I thought he was serious about my good looks, I congratu-
lated myself on a fantastic stroke of luck, which had given me the
chance to satisfy Socrates, and be the recipient, in return, of all his
knowledge. I had, I may say, an extremely high opinion of my own
looks.

That was my plan, so I did what I had never done up to then – I
sent away my attendant, and took to seeing him on my own. You see,
I'm going to tell you the whole truth, so listen carefully, & you tell
them, Socrates, if I get anything wrong. Well, gentlemen, I started
seeing him – just the two of us – and I thought he would start talking
to me as lovers do to their boyfriends when they're alone together. I
was very excited. But nothing like that happened at all. He spent the
day talking to me as usual, and then left. I invited him to the gym-
nasium with me, and exercised with him there, thinking I might make
some progress that way. So he exercised & wrestled with me, often
completely on our own, and (needless to say) it got me nowhere at all.
When that turned out to be no good, I thought I'd better make a
pretty determined assault on the man, and not give up, now that I'd
started. I wanted to find out what the trouble was. So I asked him to
dinner, just like a lover with designs on his boyfriend.

He took some time to agree even to this, but finally I did get him
to come. The first time he came, he had dinner, and then got up to go.
I lost my nerve, that time, & let him go. But I decided to try again. He
came to dinner, and I kept him talking late into the night. When he
tried to go home, I made him stay, saying it was too late to go. So he
stayed the night on the couch next to mine. There was no-one else
sleeping in the room.

What I've told you so far I'd be quite happy to repeat to any-
one. The next part I'm only telling you because a) I'm drunk –'in vino
veritas', and all that – and b) since I've started praising Socrates, it

δ' ἐντεῦθεν οὐκ ἄν μου ἠκούσατε λέγοντος, εἰ μὴ πρῶτον μέν, τὸ
λεγόμενον, οἶνος ἄνευ τε παίδων καὶ μετὰ παίδων ἦν ἀληθής, ἔπει-
τα ἀφανίσαι Σωκράτους ἔργον ὑπερήφανον εἰς ἔπαινον ἐλθόντα
ἄδικόν μοι φαίνεται. ἔτι δὲ τὸ τοῦ δηχθέντος ὑπὸ τοῦ ἔχεως πάθος
κἄμ' ἔχει. φασὶ γάρ πού τινα τοῦτο παθόντα οὐκ ἐθέλειν λέγειν
οἷον ἦν πλὴν τοῖς δεδηγμένοις, ὡς μόνοις γνωσομένοις τε καὶ συγ-
218 γνωσομένοις εἰ πᾶν ἐτόλμα δρᾶν τε καὶ λέγειν ὑπὸ τῆς ὀδύνης. ἐγὼ
οὖν δεδηγμένος τε ὑπὸ ἀλγεινοτέρου καὶ τὸ ἀλγεινότατον ὧν ἄν
τις δηχθείη (τὴν καρδίαν γὰρ ἢ ψυχὴν ἢ ὅτι δεῖ αὐτὸ ὀνομάσαι
πληγείς τε καὶ δηχθεὶς ὑπὸ τῶν ἐν φιλοσοφίᾳ λόγων, οἳ ἔχονται
ἐχίδνης ἀγριώτερον, νέου ψυχῆς μὴ ἀφυοῦς ὅταν λάβωνται, καὶ
ποιοῦσι δρᾶν τε καὶ λέγειν ὁτιοῦν), καὶ ὁρῶν αὖ Φαίδρους, Ἀγάθ-
b ωνας, Ἐρυξιμάχους, Παυσανίας, Ἀριστοδήμους τε καὶ Ἀριστο-
φάνας — Σωκράτη δὲ αὐτὸν τί δεῖ λέγειν, καὶ ὅσοι ἄλλοι; πάντες
γὰρ κεκοινωνήκατε τῆς φιλοσόφου μανίας τε καὶ βακχείας. διὸ
πάντες ἀκούσεσθε· συγγνώσεσθε γὰρ τοῖς τε τότε πραχθεῖσι καὶ
τοῖς νῦν λεγομένοις. οἱ δὲ οἰκέται, καὶ εἴ τις ἄλλος ἐστὶν βέβηλός τε
καὶ ἄγροικος, πύλας πάνυ μεγάλας τοῖς ὠσὶν ἐπίθεσθε.
ἐπειδὴ γὰρ οὖν, ὦ ἄνδρες, ὅ τε λύχνος ἀπεσβήκει καὶ οἱ παῖδες ἔξω ἦ-
c σαν, ἔδοξέ μοι χρῆναι μηδὲν ποικίλλειν πρὸς αὐτόν, ἀλλ' ἐλευθέρως
εἰπεῖν ἅ μοι ἐδόκει· καὶ εἶπον κινήσας αὐτόν, Σώκρατες, καθεύδεις;
Οὐ δῆτα, ἦ δ' ὅς.
Οἶσθα οὖν ἅ μοι δέδοκται;
Τί μάλιστα; ἔφη.
Σὺ ἐμοὶ δοκεῖς, ἦν δ' ἐγώ, ἐμοῦ ἐραστὴς ἄξιος γεγονέναι μόνος, καί
μοι φαίνῃ ὀκνεῖν μνησθῆναι πρός με. ἐγὼ δὲ οὑτωσὶ ἔχω· πάνυ ἀνό-
ητον ἡγοῦμαι εἶναι σοι μὴ οὐ καὶ τοῦτο χαρίζεσθαι καὶ εἴ τι ἄλλο
d ἢ τῆς οὐσίας τῆς ἐμῆς δέοιο ἢ τῶν φίλων τῶν ἐμῶν. ἐμοὶ μὲν γὰρ
οὐδέν ἐστι πρεσβύτερον τοῦ ὡς ὅτι βέλτιστον ἐμὲ γενέσθαι, τού-
του δὲ οἶμαί μοι συλλήπτορα οὐδένα κυριώτερον εἶναι σοῦ. ἐγὼ

seems wrong to leave out an example of his superior behaviour. Besides, I'm like someone who's been bitten by an adder. They say that a man who's had this happen to him will only say what it was like to others who've been bitten; they're the only people who will understand, & make allowances for, his willingness to say or do anything, such is the pain. Well, I've been bitten by something worse than an

adder, and in the worst possible place. I've been stung, or bitten, in my heart or soul (whatever you care to call it) by a method of philosophical argument, whose bite, when it gets a grip on a young & intelligent mind, is sharper than any adder's. It makes one willing to say or do anything. I can see all these Phaedruses & Agathons, Eryximachuses, Pausaniases, Aristodemuses & Aristophaneses here, not to mention Socrates himself and the rest of you. You've all had a taste of this wild passion for philosophy, so you'll understand me, and forgive what I did then, and what I'm telling you now. As for the servants, and anyone else who's easily shocked, or doesn't know what I'm talking about, they'll just have to put something over their ears.

b

There we were, then, gentlemen. The lamp had gone out, the slaves had gone to bed. I decided it was time to abandon subtlety, and say plainly what I was after. So I nudged him. 'Socrates, are you asleep?' 'No.' 'Do you know what I've decided?' 'What?' 'I think you're the ideal person to be my lover, but you seem to be a bit shy

c

δὴ τοιούτῳ ἀνδρὶ πολὺ μᾶλλον ἂν μὴ χαριζόμενος αἰσχυνοίμην τοὺς φρονίμους, ἢ χαριζόμενος τούς τε πολλοὺς καὶ ἄφρονας. καὶ οὗτος ἀκούσας μάλα εἰρωνικῶς καὶ σφόδρα ἑαυτοῦ τε καὶ εἰωθότως ἔλεξεν· Ὦ φίλε Ἀλκιβιάδη, κινδυνεύεις τῷ ὄντι οὐ φαῦλος εἶναι, εἴπερ ἀληθῆ τυγχάνει ὄντα ἃ λέγεις περὶ ἐμοῦ, καί τις ἔστ'

e ἐν ἐμοὶ δύναμις δι' ἧς ἂν σὺ γένοιο ἀμείνων· ἀμήχανόν τοι κάλλος ὁρῴης ἂν ἐν ἐμοὶ καὶ τῆς παρὰ σοὶ εὐμορφίας πάμπολυ διαφέρον. εἰ δὴ καθορῶν αὐτὸ κοινώσασθαί τέ μοι ἐπιχειρεῖς καὶ ἀλλάξασθαι κάλλος ἀντὶ κάλλους, οὐκ ὀλίγῳ μου πλεονεκτεῖν διανοῇ. ἀλλ' ἀντὶ δόξης ἀλήθειαν καλῶν κτᾶσθαι ἐπιχειρεῖς καὶ τῷ ὄντι χρύσεα

219 χαλκείων διαμείβεσθαι νοεῖς. ἀλλ', ὦ μακάριε, ἄμεινον σκόπει, μή σε λανθάνω οὐδὲν ὤν. ἥ τοι τῆς διανοίας ὄψις ἄρχεται ὀξὺ βλέπειν ὅταν ἡ τῶν ὀμμάτων τῆς ἀκμῆς λήγειν ἐπιχειρῇ· σὺ δὲ τούτων ἔτι πόρρω.

κἀγὼ ἀκούσας, Τὰ μὲν παρ' ἐμοῦ, ἔφην, ταῦτά ἐστιν, ὧν οὐδὲν ἄλλως εἴρηται ἢ ὡς διανοοῦμαι· σὺ δὲ αὐτὸς οὕτω βουλεύου ὅτι σοί τε ἄριστον καὶ ἐμοὶ ἡγῇ.

Ἀλλ', ἔφη, τοῦτό γ' εὖ λέγεις· ἐν γὰρ τῷ ἐπιόντι χρόνῳ βουλευό-
b μενοι πράξομεν ὃ ἂν φαίνηται νῷν περί τε τούτων καὶ περὶ τῶν ἄλλων ἄριστον.

ἐγὼ μὲν δὴ ταῦτα ἀκούσας τε καὶ εἰπών, καὶ ἀφεὶς ὥσπερ βέλη, τετρῶσθαι αὐτὸν ᾤμην· καὶ ἀναστάς γε, οὐδ' ἐπιτρέψας τούτῳ εἰπεῖν οὐδὲν ἔτι, ἀμφιέσας τὸ ἱμάτιον τὸ ἐμαυτοῦ τοῦτον (καὶ γὰρ ἦν χειμών) ὑπὸ τὸν τρίβωνα κατακλινεὶς τὸν τουτουί, περιβαλὼν
c τὼ χεῖρε τούτῳ τῷ δαιμονίῳ ὡς ἀληθῶς καὶ θαυμαστῷ, κατεκείμην τὴν νύκτα ὅλην. καὶ οὐδὲ ταῦτα αὖ, ὦ Σώκρατες, ἐρεῖς ὅτι ψεύδομαι. ποιήσαντος δὲ δὴ ταῦτα ἐμοῦ οὗτος τοσοῦτον περιεγένετό τε καὶ κατεφρόνησεν καὶ κατεγέλασεν τῆς ἐμῆς ὥρας καὶ ὕβρισεν. καὶ περὶ ἐκεῖνό γε ᾤμην τι εἶναι, ὦ ἄνδρες δικασταί· δικασταὶ γάρ ἐστε τῆς Σωκράτους ὑπερηφανίας. εὖ γὰρ ἴστε μὰ θεούς, μὰ

about suggesting it. So I'll tell you how I feel about it. I think I'd be crazy not to satisfy you in this way, just as I'd do anything else for you if it was in my power – or in my friends' power. Nothing matters more to me than my own improvement, and I can't imagine a better helper than you. Anyone with any sense would think worse of me for not giving a man like you what he wants than most ignorant people would if I did give you what you want.'

d

Socrates listened to this. Then, with characteristic irony, he replied. 'My dear Alcibiades, you're certainly nobody's fool, if you're right in what you say about me, & I do have some power to improve you. It must be remarkable beauty you see in me, far superior to your own physical beauty. If that's the aim of your deal with me, to exchange beauty for beauty, then you're trying to get much the better of the bargain. You want to get real beauty in exchange for what is commonly mistaken for it, like Diomedes getting gold armour in return for his bronze. Better think again, however. You might be wrong about me. Judgment begins when eyesight starts to fail, & you're still a long way from that.'

e

2 1 9

I listened, then said: 'Well, as far as I am concerned, that's how things stand. I've told you my real feelings. You must decide what you think best for yourself and for me.' 'That's good advice. We must think about it some time, and act as seems best to us, in this matter as in others.'

b

After this exchange, thinking my direct assault had made some impact, I got up, before he could say anything more, wrapped my cloak around him (it was winter), and lay down with him under his rough cloak. I put my arms round him. I spent the whole night with him, remarkable, superhuman being that he is – still telling the truth, Socrates, you can't deny it – but he was more than equal to my advances. He rejected them, laughed at my good looks, and treated

c

θεᾶς, οὐδὲν περιττότερον καταδεδαρθηκὼς ἀνέστην μετὰ Σω-
d κράτους, ἢ εἰ μετὰ πατρὸς καθηῦδον ἢ ἀδελφοῦ πρεσβυτέρου.
τὸ δὴ μετὰ τοῦτο τίνα οἴεσθέ με διάνοιαν ἔχειν, ἡγούμενον μὲν
ἠτιμάσθαι, ἀγάμενον δὲ τὴν τούτου φύσιν τε καὶ σωφροσύνην καὶ
ἀνδρείαν, ἐντετυχηκότα ἀνθρώπῳ τοιούτῳ οἵῳ ἐγὼ οὐκ ἂν ᾤμην
ποτ' ἐντυχεῖν εἰς φρόνησιν καὶ εἰς καρτερίαν; ὥστε οὔθ' ὅπως οὖν
ὀργιζοίμην εἶχον καὶ ἀποστερηθείην τῆς τούτου συνουσίας, οὔτε
e ὅπῃ προσαγαγοίμην αὐτὸν ηὐπόρουν. εὖ γὰρ ἤδη ὅτι χρήμασί γε
πολὺ μᾶλλον ἄτρωτος ἦν πανταχῇ ἢ σιδήρῳ ὁ Αἴας, ᾧ τε ᾤμην
αὐτὸν μόνῳ ἁλώσεσθαι, διεπεφεύγει με. ἠπόρουν δή, καταδεδουλ-
ωμένος τε ὑπὸ τοῦ ἀνθρώπου ὡς οὐδεὶς ὑπ' οὐδενὸς ἄλλου περιῇα.
ταῦτά τε γάρ μοι ἅπαντα προυγεγόνει, καὶ μετὰ ταῦτα στρατεία
ἡμῖν εἰς Ποτείδαιαν ἐγένετο κοινὴ καὶ συνεσιτοῦμεν ἐκεῖ. πρῶτον
μὲν οὖν τοῖς πόνοις οὐ μόνον ἐμοῦ περιῆν, ἀλλὰ καὶ τῶν ἄλλων
ἁπάντων· ὁπότ' ἀναγκασθεῖμεν ἀποληφθέντες που, οἷα δὴ ἐπὶ
220 στρατείας, ἀσιτεῖν, οὐδὲν ἦσαν οἱ ἄλλοι πρὸς τὸ καρτερεῖν· ἔν τ'
αὖ ταῖς εὐωχίαις μόνος ἀπολαύειν οἷός τ' ἦν τά τ' ἄλλα καὶ πίνειν
οὐκ ἐθέλων, ὁπότε ἀναγκασθείη, πάντας ἐκράτει, καὶ ὃ πάντων
θαυμαστότατον, Σωκράτη μεθύοντα οὐδεὶς πώποτε ἑώρακεν ἀν-
θρώπων. τούτου μὲν οὖν μοι δοκεῖ καὶ αὐτίκα ὁ ἔλεγχος ἔσεσθαι.
πρὸς δὲ αὖ τὰς τοῦ χειμῶνος καρτερήσεις (δεινοὶ γὰρ αὐτόθι
χειμῶνες) θαυμάσια ἠργάζετο τά τε ἄλλα, καί ποτε ὄντος πάγου
b οἵου δεινοτάτου, καὶ πάντων ἢ οὐκ ἐξιόντων ἔνδοθεν, ἢ εἴ τις ἐξίοι,
ἠμφιεσμένων τε θαυμαστὰ δὴ ὅσα καὶ ὑποδεδεμένων καὶ ἐνειλιγ-
μένων τοὺς πόδας εἰς πίλους καὶ ἀρνακίδας, οὗτος δ' ἐν τούτοις
ἐξῄει ἔχων ἱμάτιον μὲν τοιοῦτον οἷόνπερ καὶ πρότερον εἰώθει φορ-
εῖν, ἀνυπόδητος δὲ διὰ τοῦ κρυστάλλου ῥᾷον ἐπορεύετο ἢ οἱ ἄλλοι
ὑποδεδεμένοι, οἱ δὲ στρατιῶται ὑπέβλεπον αὐτὸν ὡς καταφρον-
c οῦντα σφῶν. καὶ ταῦτα μὲν δὴ ταῦτα·
οἷον δ' αὖ τόδ' ἔρεξε καὶ ἔτλη καρτερὸς ἀνὴρ

them with contempt; and I must admit that, as far as looks went, I thought I was quite something, members of the jury. (I call you that, since I'm accusing Socrates of contempt.) In short, I promise you faithfully, I fell asleep, and when I woke up in the morning I'd slept with Socrates all night, but absolutely nothing had happened. It was just like sleeping with one's father or elder brother. d

Imagine how I felt after that. I was humiliated & yet full of admiration for Socrates' character – his restraint and strength of mind. I'd met a man whose equal, in intelligence and control, I didn't think I should ever meet again. I couldn't have a row with him; that would just lose me his friendship. Nor could I see any way of attracting him. e
I knew money would make as little impression on him as Trojan weapons on Ajax, and he'd already escaped my one sure means of ensnaring him. I didn't know what to do, & I went around infatuated with the man. No-one's ever been so infatuated.

That was the background to our military service together in Potidaea, where we were messmates. In the first place there was his toughness—not only greater than mine, but greater than anyone else's. Sometimes we were cut off and had to go without food, as happens on campaign. No-one could match him for endurance. On the other 220
hand, he was the one who really made the most of it when there was plenty. He wouldn't drink for choice, but if he had to, he drank us all under the table. Surprising as it may seem, no man has ever seen Socrates drunk. I've no doubt you'll see confirmation of that this evening. As for the weather (they have pretty savage winters up there), his indifference to it was always astonishing, but one occasion stands out in particular. There was an incredibly severe frost. No-one b
went outside, or if they did, they went muffled up to the eyeballs, with their feet wrapped up in wool or sheepskin. In these conditions Socrates went out in the same cloak he always wore, & walked bare-

ἐκεῖ ποτε ἐπὶ στρατιᾶς, ἄξιον ἀκοῦσαι. συννοήσας γὰρ αὐτόθι ἑωθέν τι εἱστήκει σκοπῶν, καὶ ἐπειδὴ οὐ προυχώρει αὐτῷ, οὐκ ἀνίει ἀλλὰ εἱστήκει ζητῶν. καὶ ἤδη ἦν μεσημβρία, καὶ ἄνθρωποι ᾐσθάνοντο, καὶ θαυμάζοντες ἄλλος ἄλλῳ ἔλεγεν ὅτι Σωκράτης ἐξ ἑωθινοῦ φροντίζων τι ἕστηκε. τελευτῶντες δέ τινες τῶν Ἰώνων, ἐπειδὴ

d   ἑσπέρα ἦν, δειπνήσαντες (καὶ γὰρ θέρος τότε γ' ἦν) χαμεύνια ἐξενεγκάμενοι ἅμα μὲν ἐν τῷ ψύχει καθηῦδον, ἅμα δ' ἐφύλαττον

αὐτὸν εἰ καὶ τὴν νύκτα ἑστήξοι. ὁ δὲ εἱστήκει μέχρι ἕως ἐγένετο καὶ ἥλιος ἀνέσχεν· ἔπειτα ᾤχετ' ἀπιὼν προσευξάμενος τῷ ἡλίῳ. εἰ δὲ βούλεσθε ἐν ταῖς μάχαις (τοῦτο γὰρ δὴ δίκαιόν γε αὐτῷ ἀποδοῦναι)· ὅτε γὰρ ἡ μάχη ἦν ἐξ ἧς ἐμοὶ καὶ τἀριστεῖα ἔδοσαν οἱ στρατηγοί, οὐδεὶς ἄλλος ἐμὲ ἔσωσεν ἀνθρώπων ἢ οὗτος, τετρω-

e   μένον οὐκ ἐθέλων ἀπολιπεῖν, ἀλλὰ συνδιέσωσε καὶ τὰ ὅπλα καὶ αὐτὸν ἐμέ. καὶ ἐγὼ μέν, ὦ Σώκρατες, καὶ τότε ἐκέλευον σοὶ διδόναι τἀριστεῖα τοὺς στρατηγούς, καὶ τοῦτό γέ μοι οὔτε μέμψῃ οὔτε ἐρεῖς ὅτι ψεύδομαι· ἀλλὰ γὰρ τῶν στρατηγῶν πρὸς τὸ ἐμὸν ἀξίωμα ἀποβλεπόντων καὶ βουλομένων ἐμοὶ διδόναι τἀριστεῖα, αὐτὸς προθυμότερος ἐγένου τῶν στρατηγῶν ἐμὲ λαβεῖν ἢ σαυτόν. ἔτι τοίνυν, ὦ ἄνδρες, ἄξιον ἦν θεάσασθαι Σωκράτη, ὅτε ἀπὸ Δηλίου φυγῇ ἀν-

221   εχώρει τὸ στρατόπεδον· ἔτυχον γὰρ παραγενόμενος ἵππον ἔχων, οὗτος δὲ ὅπλα. ἀνεχώρει οὖν ἐσκεδασμένων ἤδη τῶν ἀνθρώπων οὗτός τε ἅμα καὶ Λάχης· καὶ ἐγὼ περιτυγχάνω, καὶ ἰδὼν εὐθὺς παρακελεύομαί τε αὐτοῖν θαρρεῖν, καὶ ἔλεγον ὅτι οὐκ ἀπολείψω αὐτώ. ἐνταῦθα δὴ καὶ κάλλιον ἐθεασάμην Σωκράτη ἢ ἐν Ποτειδαίᾳ (αὐτὸς γὰρ ἧττον ἐν φόβῳ ἦ διὰ τὸ ἐφ' ἵππου εἶναι), πρῶτον

b   μὲν ὅσον περιῆν Λάχητος τῷ ἔμφρων εἶναι, ἔπειτα ἔμοιγ' ἐδόκει, ὦ Ἀριστόφανες, τὸ σὸν δὴ τοῦτο, καὶ ἐκεῖ διαπορεύεσθαι ὥσπερ

foot over the ice with less fuss than the rest of us who had our feet wrapped up. The men didn't like it at all; they thought he was getting at them.

So much for that. But there's another exploit of this 'conquering hero' during that campaign, which I ought to tell you about. He was studying a problem one morning, and he stood there thinking about it, not making any progress, but not giving up either — just standing there, trying to find the answer. By midday people were beginning to take notice, and remark to one another in some surprise that Socrates had been standing there thinking since dawn. Finally, in the evening after supper, some of the Ionians brought out their mattresses (this was in summer), and slept in the open, keeping an eye on him to see if he'd stand there all night. And sure enough he did stand there, until dawn broke and the sun rose. Then he said a prayer to the sun & left.

Should I say something about his conduct in action? Yes, I think he's earned it. In the battle in which the generals gave me a decoration, my own life was saved by none other than Socrates. He refused to leave me when I was wounded, and saved both me & my weapons. So I recommended that the generals should give you the decoration. Isn't that true, Socrates? You can't object to that, or say I'm lying, can you? In fact the generals were inclined to favour me, because of my social position, and wanted to give it to me, but you were keener than they were that I should get it, rather than you.

And you should have seen him, gentlemen, on the retreat from Delium. I was with him, but I was on horseback, and he was on foot. He was retreating, amid the general rout, with Laches. I came upon them, and when I saw them I told them not to panic, & said I'd stick by them. This time I got a better view of Socrates than I had at Potidaea, since I was on horseback, and less worried about my own safety. For a start, he was much more composed than Laches. And

καὶ ἐνθάδε, βρενθυόμενος καὶ τὠφθαλμὼ παραβάλλων, ἠρέμα παρασκοπῶν καὶ τοὺς φιλίους καὶ τοὺς πολεμίους, δῆλος ὢν παντὶ καὶ πάνυ πόρρωθεν ὅτι εἴ τις ἅψεται τούτου τοῦ ἀνδρός, μάλα ἐρρωμένως ἀμυνεῖται. διὸ καὶ ἀσφαλῶς ἀπῄει καὶ οὗτος καὶ ὁ ἑταῖρος· σχεδὸν γάρ τι τῶν οὕτω διακειμένων ἐν τῷ πολέμῳ οὐ-

c δὲ ἅπτονται, ἀλλὰ τοὺς προτροπάδην φεύγοντας διώκουσιν.

πολλὰ μὲν οὖν ἄν τις καὶ ἄλλα ἔχοι Σωκράτη ἐπαινέσαι καὶ θαυμάσια· ἀλλὰ τῶν μὲν ἄλλων ἐπιτηδευμάτων τάχ' ἄν τις καὶ περὶ ἄλλου τοιαῦτα εἴποι, τὸ δὲ μηδενὶ ἀνθρώπων ὅμοιον εἶναι, μήτε τῶν παλαιῶν μήτε τῶν νῦν ὄντων, τοῦτο ἄξιον παντὸς θαύματος.

οἷος γὰρ Ἀχιλλεὺς ἐγένετο, ἀπεικάσειεν ἄν τις καὶ Βρασίδαν καὶ ἄλλους, καὶ οἷος αὖ Περικλῆς, καὶ Νέστορα καὶ Ἀντήνορα (εἰσὶ δὲ

d καὶ ἕτεροι) καὶ τοὺς ἄλλους κατὰ ταῦτ' ἄν τις ἀπεικάζοι· οἷος δὲ οὑτοσὶ γέγονε τὴν ἀτοπίαν ἄνθρωπος, καὶ αὐτὸς καὶ οἱ λόγοι αὐτοῦ, οὐδ' ἐγγὺς ἂν εὕροι τις ζητῶν, οὔτε τῶν νῦν οὔτε τῶν παλαιῶν, εἰ μὴ ἄρα εἰ οἷς ἐγὼ λέγω ἀπεικάζοι τις αὐτόν, ἀνθρώπων μὲν μηδενί, τοῖς δὲ σιληνοῖς καὶ σατύροις, αὐτὸν καὶ τοὺς λόγους.

καὶ γὰρ οὖν καὶ τοῦτο ἐν τοῖς πρώτοις παρέλιπον, ὅτι καὶ οἱ λόγοι αὐτοῦ ὁμοιότατοί εἰσι τοῖς σιληνοῖς τοῖς διοιγομένοις. εἰ γὰρ ἐθέλοι

e τις τῶν Σωκράτους ἀκούειν λόγων, φανεῖεν ἂν πάνυ γελοῖοι τὸ πρῶτον· τοιαῦτα καὶ ὀνόματα καὶ ῥήματα ἔξωθεν περιαμπέχονται, σατύρου δή τινα ὑβριστοῦ δοράν. ὄνους γὰρ κανθηλίους λέγει καὶ χαλκέας τινὰς καὶ σκυτοτόμους καὶ βυρσοδέψας, καὶ ἀεὶ διὰ τῶν αὐτῶν τὰ αὐτὰ φαίνεται λέγειν, ὥστε ἄπειρος καὶ ἀνόητος ἄνθρω-

222 πος πᾶς ἂν τῶν λόγων καταγελάσειεν. διοιγομένους δὲ ἰδὼν ἄν τις καὶ ἐντὸς αὐτῶν γιγνόμενος πρῶτον μὲν νοῦν ἔχοντας ἔνδον μόνους εὑρήσει τῶν λόγων, ἔπειτα θειοτάτους καὶ πλεῖστα ἀγάλματ' ἀρετῆς ἐν αὑτοῖς ἔχοντας καὶ ἐπὶ πλεῖστον τείνοντας, μᾶλλον δὲ ἐπὶ πᾶν ὅσον προσήκει σκοπεῖν τῷ μέλλοντι καλῷ κἀγαθῷ ἔσεσθαι.

ταῦτ' ἐστίν, ὦ ἄνδρες, ἃ ἐγὼ Σωκράτη ἐπαινῶ· καὶ αὖ ἃ μέμφομαι

then I thought your description of him, Aristophanes, was as accurate there as it is here in Athens, 'marching along with his head in the air, staring at all around him', calmly contemplating friend and foe alike. It was perfectly clear, even from a distance, that any attempt to lay a finger on him would arouse vigorous resistance. So he & his companion escaped unhurt. On the whole, in battle, you don't meddle with people like that. You go after the ones in headlong flight. c

I could go on praising Socrates all night, and tell you some surprising things. Many of his qualities can be found in other people, & yet it's remarkable how unlike he is to anyone in the past or present. You can compare Brasidas, or someone like that, with Achilles; Pericles with Nestor or Antenor (for example); and make other similar d comparisons. But you could go a long way and not find a match, dead or living, for Socrates. So unusual are the man himself and his arguments. You have to go back to my original comparison of the man and his arguments, to Silenuses and satyrs. I didn't say this at the beginning, but his arguments, when you really look at them, are also just like Silenus-figures. If you decided to listen to one, it would strike you at first as ludicrous. On the face of it, it's just a collection of e irrelevant words and phrases; but those are just the outer skin of this trouble-making satyr. It's all donkeys and bronzesmiths, shoemakers and tanners. He always seems to be repeating himself, and people who haven't heard him before, and aren't too quick on the uptake, laugh at what he says. But look beneath the surface, and get inside 222 them, and you'll find two things. In the first place, they're the only arguments which really make any sense; on top of that they are supremely inspiring, because they contain countless models of excellence and pointers towards it. In fact, they deal with everything you should be concerned about, if you want to lead a good and noble life.

That's my speech, gentlemen, in praise of Socrates – though I've

συμμείξας ὑμῖν εἶπον ἅ με ὕβρισεν. καὶ μέντοι οὐκ ἐμὲ μόνον ταῦτα
b πεποίηκεν, ἀλλὰ καὶ Χαρμίδην τὸν Γλαύκωνος καὶ Εὐθύδημον τὸν
Διοκλέους καὶ ἄλλους πάνυ πολλούς, οὓς οὗτος ἐξαπατῶν ὡς
ἐραστὴς παιδικὰ μᾶλλον αὐτὸς καθίσταται ἀντ' ἐραστοῦ. ἃ δὴ
καὶ σοὶ λέγω, ὦ Ἀγάθων, μὴ ἐξαπατᾶσθαι ὑπὸ τούτου, ἀλλ' ἀπὸ
τῶν ἡμετέρων παθημάτων γνόντα εὐλαβηθῆναι, καὶ μὴ κατὰ τὴν
παροιμίαν ὥσπερ νήπιον παθόντα γνῶναι.

c εἰπόντος δὴ ταῦτα τοῦ Ἀλκιβιάδου γέλωτα γενέσθαι ἐπὶ τῇ παρ-
ρησίᾳ αὐτοῦ, ὅτι ἐδόκει ἔτι ἐρωτικῶς ἔχειν τοῦ Σωκράτους. τὸν
οὖν Σωκράτη, Νήφειν μοι δοκεῖς, φάναι, ὦ Ἀλκιβιάδη. οὐ γὰρ ἂν
ποτε οὕτω κομψῶς κύκλῳ περιβαλλόμενος ἀφανίσαι ἐνεχείρεις οὗ
ἕνεκα ταῦτα πάντα εἴρηκας, καὶ ὡς ἐν παρέργῳ δὴ λέγων ἐπὶ τελ-
ευτῆς αὐτὸ ἔθηκας, ὡς οὐ πάντα τούτου ἕνεκα εἰρηκώς, τοῦ ἐμὲ
d καὶ Ἀγάθωνα διαβάλλειν, οἰόμενος δεῖν ἐμὲ μὲν σοῦ ἐρᾶν καὶ μηδ-
ενὸς ἄλλου, Ἀγάθωνα δὲ ὑπὸ σοῦ ἐρᾶσθαι καὶ μηδ' ὑφ' ἑνὸς ἄλλου.
ἀλλ' οὐκ ἔλαθες, ἀλλὰ τὸ σατυρικόν σου δρᾶμα τοῦτο καὶ σιλην-
ικὸν κατάδηλον ἐγένετο. ἀλλ', ὦ φίλε Ἀγάθων, μηδὲν πλέον αὐτῷ
γένηται, ἀλλὰ παρασκευάζου ὅπως ἐμὲ καὶ σὲ μηδεὶς διαβαλεῖ.

τὸν οὖν Ἀγάθωνα εἰπεῖν, Καὶ μήν, ὦ Σώκρατες, κινδυνεύεις ἀληθῆ
e λέγειν. τεκμαίρομαι δὲ καὶ ὡς κατεκλίνη ἐν μέσῳ ἐμοῦ τε καὶ σοῦ,
ἵνα χωρὶς ἡμᾶς διαλάβῃ. οὐδὲν οὖν πλέον αὐτῷ ἔσται, ἀλλ' ἐγὼ
παρὰ σὲ ἐλθὼν κατακλινήσομαι.

Πάνυ γε, φάναι τὸν Σωκράτη, δεῦρο ὑποκάτω ἐμοῦ κατακλίνου.

Ὦ Ζεῦ, εἰπεῖν τὸν Ἀλκιβιάδην, οἷα αὖ πάσχω ὑπὸ τοῦ ἀνθρώπου.
οἴεταί μου δεῖν πανταχῇ περιεῖναι. ἀλλ' εἰ μή τι ἄλλο, ὦ θαυμάσιε,
ἐν μέσῳ ἡμῶν ἔα Ἀγάθωνα κατακεῖσθαι.

Ἀλλ' ἀδύνατον, φάναι τὸν Σωκράτη. σὺ μὲν γὰρ ἐμὲ ἐπήνεσας, δεῖ
δὲ ἐμὲ αὖ τὸν ἐπὶ δεξί' ἐπαινεῖν. ἐὰν οὖν ὑπὸ σοὶ κατακλινῇ Ἀγά-
θων, οὐ δήπου ἐμὲ πάλιν ἐπαινέσεται, πρὶν ὑπ' ἐμοῦ μᾶλλον ἐπ-
223 αινεθῆναι; ἀλλ' ἔασον, ὦ δαιμόνιε, καὶ μὴ φθονήσῃς τῷ μειρακίῳ

included a bit of blame as well for his outrageous treatment of me. And I'm not the only sufferer. There's Charmides, the son of Glaucon, and Euthydemus, the son of Diocles, and lots of others. He seduces them, like a lover seducing his boyfriend, and then it turns out he's not their lover at all; in fact, they're his lovers. So take my advice, Agathon, and don't be seduced. Learn from our experience, rather than at first hand, like Homer's 'fool who learnt too late'. Don't trust him an inch.

Alcibiades' candour aroused some amusement. He seemed to be still in love with Socrates.

Socrates: Not so drunk after all, Alcibiades; or you wouldn't have avoided, so elegantly and so deviously, revealing the real object of your speech, just slipping it in at the end, as if it were an afterthought. What you're really trying to do is turn Agathon and me against one another. You think that I should be your lover, and no-one else's; & that you, and no-one else, should be Agathon's. Well, it hasn't worked. All that stuff about satyrs and Silenuses is quite transparent. You mustn't let him get away with it, my dear Agathon; you must make sure no-one turns us against each other.

Agathon: You may be right, Socrates. His sitting between us, to keep us apart, bears that out. But it won't work. I'll come round & sit next to you.

Socrates: Good idea. Sit here, round this side.

Alcibiades: Ye gods. What I have to put up with from the man. He has to keep scoring off me. Look, at least let Agathon sit in the middle.

Socrates: Out of the question. You've just praised me, & now I must praise the person on my right. If Agathon sits next to you, he can't be expected to make *another* speech in praise of me. I'd better make one in praise of him instead. No, you'll have to admit defeat, my good

ὑπ' ἐμοῦ ἐπαινεθῆναι· καὶ γὰρ πάνυ ἐπιθυμῶ αὐτὸν ἐγκωμιάσαι. Ἰοῦ ἰοῦ, φάναι τὸν Ἀγάθωνα, Ἀλκιβιάδη, οὐκ ἔσθ' ὅπως ἂν ἐνθάδε μείναιμι, ἀλλὰ παντὸς μᾶλλον μεταναστήσομαι, ἵνα ὑπὸ Σωκράτους ἐπαινεθῶ.

Ταῦτα ἐκεῖνα, φάναι τὸν Ἀλκιβιάδην, τὰ εἰωθότα· Σωκράτους παρόντος τῶν καλῶν μεταλαβεῖν ἀδύνατον ἄλλῳ. καὶ νῦν ὡς εὐπόρως καὶ πιθανὸν λόγον ηὗρεν, ὥστε παρ' ἑαυτῷ τουτονὶ κατακεῖσθαι.

b   τὸν μὲν οὖν Ἀγάθωνα ὡς κατακεισόμενον παρὰ τῷ Σωκράτει ἀνίστασθαι· ἐξαίφνης δὲ κωμαστὰς ἥκειν παμπόλλους ἐπὶ τὰς θύρας, καὶ ἐπιτυχόντας ἀνεῳγμέναις ἐξιόντος τινὸς εἰς τὸ ἄντικρυς πορεύεσθαι παρὰ σφᾶς καὶ κατακλίνεσθαι, καὶ θορύβου μεστὰ πάντα εἶναι, καὶ οὐκέτι ἐν κόσμῳ οὐδενὶ ἀναγκάζεσθαι πίνειν πάμπολυν οἶνον. τὸν μὲν οὖν Ἐρυξίμαχον καὶ τὸν Φαῖδρον καὶ ἄλλους τινὰς ἔφη ὁ Ἀριστόδημος οἴχεσθαι ἀπιόντας, ἓ δὲ ὕπνον λαβεῖν, καὶ

c   καταδαρθεῖν πάνυ πολύ, ἅτε μακρῶν τῶν νυκτῶν οὐσῶν, ἐξεγρέσθαι δὲ πρὸς ἡμέραν ἤδη ἀλεκτρυόνων ᾀδόντων, ἐξεγρόμενος δὲ ἰδεῖν τοὺς μὲν ἄλλους καθεύδοντας καὶ οἰχομένους, Ἀγάθωνα δὲ καὶ Ἀριστοφάνη καὶ Σωκράτη ἔτι μόνους ἐγρηγορέναι καὶ πίνειν ἐκ φιάλης μεγάλης ἐπὶ δεξιά. τὸν οὖν Σωκράτη αὐτοῖς διαλέγεσθ-

d   αι· καὶ τὰ μὲν ἄλλα ὁ Ἀριστόδημος οὐκ ἔφη μεμνῆσθαι τῶν λόγων — οὔτε γὰρ ἐξ ἀρχῆς παραγενέσθαι ὑπονυστάζειν τε — τὸ μέντοι κεφάλαιον, ἔφη, προσαναγκάζειν τὸν Σωκράτη ὁμολογεῖν αὐτοὺς τοῦ αὐτοῦ ἀνδρὸς εἶναι κωμῳδίαν καὶ τραγῳδίαν ἐπίστασθαι ποιεῖν, καὶ τὸν τέχνῃ τραγῳδοποιὸν ὄντα καὶ κωμῳδοποιὸν εἶναι. ταῦτα δὴ ἀναγκαζομένους αὐτοὺς καὶ οὐ σφόδρα ἑπομένους νυστάζειν, καὶ πρότερον μὲν καταδαρθεῖν τὸν Ἀριστοφάνη, ἤδη δὲ ἡμέρας γιγνομένης τὸν Ἀγάθωνα. τὸν οὖν Σωκράτη, κατακοιμίσαντ' ἐκείνους, ἀναστάντα ἀπιέναι, καὶ ἓ ὥσπερ εἰώθει ἕπεσθαι, καὶ ἐλθόντα εἰς Λύκειον, ἀπονιψάμενον, ὥσπερ ἄλλοτε τὴν ἄλλην ἡμέραν διατρίβειν, καὶ οὕτω διατρίψαντα εἰς ἑσπέραν οἴκοι ἀναπαύεσθαι.

friend, and put up with me praising the boy. I look forward to it.

Agathon: What a bit of luck. I'm certainly not staying here, Alcibi-
ades. I'd much rather move, and get myself praised by Socrates.

Alcibiades: That's it, the same old story. Whenever Socrates is
around, no-one else can get near anyone goodlooking. Like now, for
example. Look how easily he finds plausible reasons why Agathon
should sit next to him.

Agathon got up to come and sit by Socrates. Suddenly a whole   b
crowd of people on their way home from a party turned up at the
door, & finding it open (someone was just leaving), they came straight
in, and sat down to join us. Things became incredibly noisy and dis-
orderly, and we couldn't avoid having far too much to drink. Eryxi-
machus and Phaedrus and some others went home. I fell asleep, and
slept for some time, the nights being long at that time of year. When   c
I woke up it was almost light, and the cocks were crowing. I could see
that everyone had gone home or to sleep, apart from Agathon, Aristo-
phanes, and Socrates. They were still awake and drinking (passing a
large bowl round anticlockwise). Socrates was holding the floor. I've
forgotten most of what he was saying, since I missed the beginning of   d
it, and was still half-asleep anyway. The gist of it was that he was
forcing them to admit that the same man could be capable of writing
comedy and tragedy, and hence that a successful tragedian must also
be able to write comedy. As they were being driven to this con-
clusion, though not really following the argument, they dropped off.
Aristophanes went to sleep first and then, as it was getting light,
Agathon. Socrates made them both comfortable, and got up to leave
himself. I followed him, as usual. He went to the Lyceum, had a bath,
spent the rest of the day as he normally would, and then, towards
evening, went home to bed.

Published by the
University of California Press
Berkeley and Los Angeles, California

Original edition published and printed by Libanus Press,
Rose Tree House, Silverless Street, Marlborough, Wiltshire, 1986

This edition first published in the United States of America
by the University of California Press 1989, and in Great
Britain by Collins Harvill, 1989

First Paperback Printing 1993

Translation © Tom Griffith 1986.

The Greek is hand-set 12 pt D Antigone.
The English book text is Monotype 12 pt D Lutetia.

Library of Congress Cataloging-in-Publication Data
Plato.
    [Symposium. English & Greek]
    Symposium of Plato — [Platonos Symposion] / translated by Tom
Griffith : engraved by Peter Forster.
      p.   cm.
    Translation of: Symposium.
    Greek text and English translation on facing pages.
    Greek title appears on the t.p. in Greek characters.
    Reprint. Originally published: Marlborough, Wiltshire, England:
Libanus Press, 1986.
    ISBN 0-520-06695-2 (pbk: alk. paper)
    1. Socrates. 2. Love—Early works to 1800. I. Griffith, Tom.
II. Forster, Peter. III. Title. iv. Title: Platonos Symposion.
    [B385.A5G68 1989]
    184 — dc20
                                             89-4878
                                            CIP

Printed in the United States of America

This book is a print-on-demand volume. It is manufactured using toner in place of ink.
Type and images may be less sharp than the same material seen in traditionally
printed University of California Press editions.

The paper used in this publication meets the minimum
Requirements of ANSI/NISO Z39.48-1992(R 1997)
(Permanence of Paper)